你长大的背影

周晴 许一舟 著

北京联合出版公司
Beijing United Publishing Co.,Ltd.

新经典文化股份有限公司
www.readinglife.com
出　品

目录

一种心态（代序）

怀孕以后，我的精神状态一直不错，我希望一个好的心态，能让我怀中的宝宝拥有一个美好一点的环境。

当然，后来想，在最初的几个月里，这样的好心态是不难保持的。因为我的反应不大，能吃会睡，工作也不忙，空下来的时候，还可以经常翻一些有关孕妇保养的书。

晚上，又总是缠着先生去散步。我们通常会从家里出发，我手上捧着话梅，一路悠闲地走到中山公园附近，话题也多半围绕着未出世的孩子。然后，在麦当劳或者肯德基坐下，吃一点甜点和薯条……那是一段真正的愉快时光，我一直天真地以为这样的时光会持续到孩子出生以后。

但是，天有不测风云。

黄梅天之后，上海就进入了台风季节，那段日子，我的肚子才刚刚开始显山露水，穿上件宽松的裙袍，就不明显了。

那天下班的时候，雷雨闪电呼呼地来了，天空阴暗，很恐怖的样子。而且，温度即刻就降了下来，我为自己披了件雨披，然后又拿了把伞，才放心地出了单位。下意识地看看自己的肚子，心中想着，小宝宝不会着凉吧！又看看脚下的新凉鞋，那是为了小宝宝专门和先生去东方商厦买的平底鞋，不禁心疼它就要经历风雨了。

一路走到家，虽然鞋子有点湿，总算一切还如意。不想，楼道里却积满了水，一脚下去，鞋子将全部浸在水里。我犹豫着，不敢走过去。正在裹足不前时，来了一个人，见我徘徊犹豫的样子，好心地说，我去找块砖吧。

我自信地踏上了砖头，这本来对我来说是件很简单的事情。谁知，刹那间，我失去了平衡，可怜那时我一只手拿着雨伞，另一只手拿着小包，身上又披着雨披，连支撑点都没有……

就这样，我屁股落地，狠狠地摔了一跤。别说新鞋子了，整个人都浸在了水中。

我的第一反应就是我的小宝宝，他不会有事情吧！我迅速爬起来，飞快跑回家，语无伦次地对先生说："我的宝宝，出事了……"

我什么也不顾，平躺在沙发上，静静地聆听腹中的动静。很快，我又一次感觉到了熟悉的胎动，我的小宝宝没事！

晚上，我仍然不放心地打电话问我的医生朋友，又翻出书本来请教，一直到证实确实无碍，才算放心。

但仅仅过了一个礼拜，灾祸降临了。

那是个星期五，半夜我被热醒，爬起来上厕所的时候，我忽然发现下身有热乎乎的东西涌出来。开灯一看，我看到了血。

红殷殷的血使我一下子蒙了。我摇醒了先生，然后静静地坐等天亮，我那时所有的感觉都集中在那一次摔跤上，我想一定是那次摔跤惹出的祸。那个晚上，我不止一次地想，如果为一双新鞋子而使我腹中的生命受到损伤，那我真是天底下最不称职的妈妈。

我忽然意识到一个道理，对任何事情轻重缓急的态度，其实预示着一个人对待人生的态度。如果意识到会摔跤，殃及我的小宝宝，那新鞋子又算什么呢?

但现在事情已经降临！这样的时候，心态真是太重要了。

去了医院以后才得知，出血的原因是因为前置胎盘。

“没理由的，就是胎盘着床的位置低了点。一般一千个孕妇中才有一二个。”

“与摔跤没关系吗？”我不相信自己的运气这么差。

“没关系！”医生明确地说。

于是从那一天起，我就被禁闭起来了。不能工作，不能走动，不能……一连串的不能将伴随我以后的日子。

刚听说的时候，我真的有点气馁。

静静地躺在床上的时候，我极力调整着自己的心态：与其唉声叹气地度过，不如给小宝宝一个明媚一点的心情。我不住地对自己说。

一切的不如意终究是会过去的呀！

小宝宝可不管这些，他拼命地长大。

随着预产期的接近，我的肚子更大了，变得更不自由了。

医生明确告诉我，已经到了关键时刻，必须静静地躺着，包括吃饭的时候，因为随时都可能大出血，而这意味着我和胎儿的生命都会遇到危险。

于是，在白色的病房里，我成了最寂寞的一个。我的手上总是吊着针，因为要给胎儿足够的营养，来应付他可能的早产；半夜的时候，我会被一阵接着一阵的宫缩弄得无法入眠……

即便这样，我的心情依然很开朗，我学会了躺着吃饭，不久，又学会了躺着写字，躺着打毛衣……

约稿没有耽搁，让我感到欣慰；而当我拿起绒线针开始为儿子编织未来的时候，我心里始终有一个坚定的信念：一切都会平安过去的，我不会有事，我的小宝宝也不会有事的。

我始终相信信念的魔力，当你真的决定锲而不舍的时候，上帝也会让你三分的。

有了一份好的心态，日子并不难过。

我甚至觉得自己快成为半个医生了。

这里是一家很有名的市级妇产科医院，来实习的医学院大学生很多。上午查房的时候，主任医生的后面总会跟着一大帮稚气未脱的女孩子，走到我的面前，医生就会对她们说：“这位病人是前置胎盘，哪位说说看，前置胎盘是怎么回事？”女孩子们多半会被问住，你看看我，我看看你，很难为情又无可奈何的样子。

这个时候，我就忍不住会悄悄和我身边站着的女孩子说出许多专有名词，惊得她们睁大眼睛朝我看。

医生有时开玩笑说：“看，还没有人家病人知道的多，结束后，你们去请教她吧！”

还别说，我真的一本正经地向医学院的学生借过她们的医学书，也专门请教过我的主治医生，就连隔壁病床那位病人的极低体重双胞胎新生儿的医治，我们都讨论过不下几十次……久病成良医，我想是有道理的，那一段日子，我花了许多的时间研究孕妇的各种情况，还萌发了编辑一本通俗的孕妇护理方面的书的念头。我躺在床上列提纲，想条目，忙得不亦乐乎，甚至忘了自己的病情。

终于挨到了剖腹产的那一天。

早晨起来，天空很晴朗，我深深地吸一口气，我仍然相信不会有任何纰漏的。虽然前一天，先生还专门帮我去血站办好了用血手续。门外，来了许多亲人，每个人脸上的表情都是喜忧参半，而我依然平静地看着护士在我的病床前转来转去地忙碌……

那一刻，我忽然明白了什么是长大。

当我为腹中的小生命而忘却自己的时候，我懂得了母爱的伟大。而也就是这个逐渐成长起来的小生命，给了我足够的耐心和勇气，给了我面对现实的力量，我不再像孩子般地害怕。我知道在未来的日子里，我不会再躲在母亲的怀抱中撒娇了，因为我自己将成为一个母亲，将亲手庇护一个渐渐长大的生命……那么，为他接受一次手术，又有什么可害怕的呢？

医生已经在为我打麻醉了，当清凉的药水顺着脊椎缓缓而下的时候，我在慢慢体会做母亲的不易，十月怀胎，真是历经风雨；我也想到了作为母亲的骄傲：生命的延续，是多么了不起的事情啊！

荧光灯将手术的全过程都送进了我的眼帘，我看着医生熟练的动作，听着刀剪碰撞的声音，而后，我听到了一声陌生的啼哭，接着又是一声，那么轻，却是那么真实！

“是个儿子。”医生在我耳边轻轻地说。

我点点头，我知道胜利了，在与病魔的争斗中，我打了胜仗。

我成了一个名副其实的母亲。

而这一切，我想多半该归功于我始终平实的心态。

做了妈妈以后，我常常忍不住告诉别人，从这个过程中，我所学到的东西：我知道了什么叫耐心等待，等待一个生命的成熟，在“风雨”中也要保持耐心，给自己始终明媚的心态！

话题一：启蒙之初，玩耍与知识获取

关键词：

健康体魄

快乐心态

寓教于乐

小房间的氛围启蒙

亲爱的多多，你好。

现在，我正坐在你的小房间，开始给你写这第一封信。之所以会强调坐在你的小房间，是因为，我想回到十七年前，感受一下这里曾经的氛围，回到我们刚刚搬进这个新家的时候，想象一下这里还没有这么多家具，而是贴满挂图和地图的时候，我仿佛看到有个小小的人儿，踮着脚在那些挂图前流连忘返。

那时新千年才开始，你还是个幼儿园的小孩子。

你的小房间里，没什么家具，只有一张小桌子、小椅子和一张小床，空荡荡的，然后，就是整个两面墙的挂图，这些挂图，是当时很流行的凹凸版水晶挂图。

从认识水果、数字，到动物、汽车，还有一些关于颜色和形状，甚至有乘法口诀和简单的汉字，一溜排开，像装饰画一样，占了你那间小房间的两面墙。

仿佛真的就是为了装饰，装点着你小房间的氛围。

你的目力所及，你的日常中，抬起眼，便会看到它们。

还有一台小小的录音机，那个时候，还在用磁带，我们买了各种磁带，有讲故事的，也有儿歌和唐诗的，最经常听的，就是大头儿子和小头爸爸的故事。

这些，全都在不经意间，给你一个信号，一种启蒙，在你熟悉的生活空间里，可以随时听到、随手拿到那些美妙的故事，还可以看到那个色彩斑斓的知识世界。

后来，那些挂图你都耳熟能详了，自然它们就退役了，取而代之的是好大两张地图。

当然，你也就因此认识了许多字，听熟了很多故事，成了幼儿园老师和小朋友眼里的聪明孩子。

那时候，你在幼儿园全托，晚上大徐老师帮你洗脚的时候，你最喜欢做的事情就是背《琵琶行》，或者被老师逗着把57路每站的站名都报一遍，而那些大头儿子的故事，你也可以声情并茂地复述出个所以然。然后，老师们就会夸奖你。

小孩子都是喜欢别人夸奖的，你当然也不例外！

记得，幼儿园到了中班，开始教小朋友识字了。有一个周末，莉莉老师在黑板上写了近百个生字，让家长抄下来，带回去教孩子认。

爸爸去接你时，便乖乖地拿出了笔，准备认真抄下来。

这个时候，莉莉老师走过来对你爸爸说：“多多爸爸，多多已经都认识了，你可以带他回家了。”

所有的家长都回头看你，脸上应该有羡慕妒忌吧，这当然让你和爸爸都非常得意，于是在“众目睽睽”下，爸爸牵着你的手，走得好不潇洒。

路上，爸爸悄悄问你，我们没教过你认字，你是从什么时候认识那些字的呢？

你摇头，说不出来。

回来后，爸爸还是津津乐道，惊讶于不知不觉间，你就认识了那么多字。

想来，这一定与你小房间的布置有关，挂图上除了图，还有字，你一定一起接收进了脑海；或者，你的认字，还与我们的职业有关，我和你爸爸当时都在出版社工作，家里别的东西不一定有，得天独厚，磁带和书是肯定不缺的。

所以，很小的时候，你就喜欢听故事，往往一个听过的故事，要我们重复很多遍，一直到可以背出来。后来我们不耐烦的时候就会为你放录音。

接下来，你会拿起书，煞有介事地一行行读，其实，你未必认识书上的那些方块字，是靠着脑子里背下的故事装模作样在看那些字，谁知即便这样，几次以后，你开始对那些方块字有了最初的印象。

我编辑的一本《大头儿子和小头爸爸全集》出版了，拿到样书的时候，你会捧着厚厚的书，很有兴趣的样子。是不是因为你认识了写这本书的春华阿姨？当然更重要的原因肯定是这些故事的吸引力，许多故事你都是早在磁带中熟悉了，听了一遍又一遍，《玩具医院》《海盗帆船》《当市长》《大头小头足球场》等等，你几乎都可以背诵出来了。然后凭着记忆里已经烂熟于心的故事，你一个字一个字地大声朗读，居然就慢慢认识了那些故事里的方块字。

因为认识了一些字，再走到马路上，你可以发现许多新奇，原来每个店的招牌上都有字，路牌上有字，书报亭的海报上有字，闪耀的霓虹灯上也有许多字……

你特别喜欢坐公共汽车，家门口的那些线路，比如去你们幼儿园的57路，你是每周都要坐上好几次的，于是，就喜欢跟着车厢里报站员的录音报那些站名，一点也不会错。

对站名很熟悉后，你会仔细地研究地图，在地图上找那些耳熟能详的地名，后来发展到喜欢看公共汽车的站牌，看路上所有的路牌和指示牌。你还喜欢电视里的广告，喜欢每天新闻之后的天气预报，也因此认识了那些城市的名字，什么苏州、无锡、杭州、马鞍山……

这样，似乎是在每日的游戏和生活的过程中，你又学会了许多生字……

所以忽然有一天，当老师将那些生字抄在黑板上，让班级的同学记住时，你的优势就显现出来了。你会被叫起来第一个念，然后所有的同学跟着读；有小朋友记不住的时候，会叫着你的名字问你，你就很认真地告诉他们。

这一定让你感到快乐，就像那天爸爸回到家，很兴奋地说起莉莉老师和他说的话时，我看到你掩藏着得意继续在玩具角玩，虽然会担心你因为这一点点荣誉就骄傲起来，但又觉得自信和快乐，对你是好的。

成长的经验告诉我，在未来的学习和生活中，对自己有信心还是相当重要的。

我现在想，老师的鼓励，爸爸的自豪，其实都是让你想要多认识一些字的动力。之后有一段时间，你更热衷读书认字了，词汇量大幅度提高，而这些积累的词汇，因为有场景有联想，便牢牢地在你心里扎下了根，更增加了你阅读的兴趣，让你对书有了进一步的亲近，一个良性的循环就这样形成了。

那个周末，爸爸估计也是心中得意，所以把这件事先是告诉了奶奶，后来又忍不住告诉了外婆，每次说时，你好像都在自顾玩耍，但小耳朵竖得高高的，嘴角会露出一点不易察觉的笑容。

我看到了，就跑到你旁边，故意问你："你觉得爸爸是不是有点啰唆，老是对别人说你认字的事情。"

我至今还清楚地记得，你放下正在搭的积木，看着我，一本正经地告诉我："妈妈，爸爸是对不同的人讲这件事情，这不是啰嗦。如果他老是和一个人讲，那才叫啰嗦呢。"

我有点惊讶，觉得你的回答还挺有逻辑的，然后笑着对你点点头，看来你当时对爸爸逢人便说，心中是持赞成态度的，然后，我继续问你："那么，会不会因为你能够认这么多字，就笑话别的小朋友笨啊？"

"才不呢！"你似乎对我的提问很不以为然，"每个小朋友都有能干的地方，像黄倩倚歌唱得很好听，而陆架吃饭最快，我也没办法跟他们比的！"你将两只小手一摊，露出无可奈何的表情。

我看着你，恍然大悟。

原来，在小孩子的思维和哲学里，聪明与否、认字多少，并不会构成什么骄傲和谦虚，那只是每个孩子的一种本能，就像青菜萝卜各有所爱一样简单！

成人如我，总是用自己的思维去揣摩和教育你们。

有的时候，其实只是我们多虑了！

当然，我也知道，当你们彼此羡慕着彼此，争先恐后你追我赶的时候，你们也就因此学到了更多的本领，认识了更多的字，萌发了更多的兴趣。

这些，是孩提时候，大人需要努力为你们营造的一种氛围，才可以让你们那么快乐那么兴奋地日新月异地成长。

从这个角度来说，从家到幼儿园，我们共同营造的那些氛围，还是很重要的啊。

童年的游戏

亲爱的多多，你好！

上周去浦东图书馆做讲座，用的题目是“陪伴是对孩子最大的爱”。这段时间，因为与你的交流，回忆起很多我们一起相处的日子，所以，有机会和家长说说家庭陪伴和适时放手对孩子的重要性，感觉挺好的。

今天收到一个家长的微信，说很感动，因为“你一直那么温柔地待孩子，我会学习”，还说，“你们的那么多游戏，真好，我也会学习”。

看着她的留言，我很高兴，讲座的意义，哪怕有一个家长觉得有帮助，就好。

然后，想起今天在“朋友圈”看到的文字：每个小生命都应该被温柔地对待。

是呀，我们对待生命的态度，应该就要这样吧。

温柔，我忽然喜欢起这个词来。

早几日去储藏室翻找东西，看到你的好多玩具，你不舍得丢弃的，我想留下记忆的，都在那里，占据了不少空间。

很有意思，每一件，都有我们曾经的美好回忆。

那辆小火车，曾经是千禧年送你的礼物，还记得吗?

从元旦开始与你唠叨，一直到农历新年才开启的这份礼物，让你兴奋了很多日子。然后，我们告诉你，新年礼物飞走了，明年，它还会来的。

那几年，每年都是年末时分，小火车会“开”来，过完新年，小火车就“开”走了。

你始终觉得这一切很正常。终于有一天，你发现小火车“开”走的秘密，原来被我们藏进储藏室了。大概就是那个时候，你理解的储藏室，就是一个珍藏宝贝的地方。

所以，当我带你去单位，有同事与你玩笑，问你存折藏哪里，你想也没想就告诉他们，在储藏室。

如今，这辆小火车还在储藏室里，看到它，就会想起那些年的冬天，家里客厅的玩具角，曾经有一辆呼呼作响穿过山洞的小火车开过。你欢快的样子，和你目不转睛的专注神态，还会在我的眼前闪现。

童年的时光里，你特别喜欢汽车，曾经梦想长大了要当一名小车司机，交通公园是那时候的双休日你最喜欢去报到的地方。

汽车在马路上欢快地飞驰，可以载着你到不同的地方，这让你觉得好奇，因着汽车，你顺带喜欢上了地图……

然后，我们决定送你一幅地图。

那一年，你幼儿园中班。六一儿童节，我们答应让你挑一样礼物，你找到了一种拼板地图，爱不释手。那是一种木质拼图，上面写着：中国地图。可以将每一个省市拆下，再拼上去。回家后，几乎每时每刻你都在拼板前，不厌其烦地拆了又装，没几天，你就滚瓜烂熟了，每一个省份都在心里，拼起来几乎不用再费什么脑筋。你把拼图丢在一旁，便又去玩你的汽车了。

眼看着好好的玩具，已经没有用武之地。我灵机一动，开始创造我们之间的小游戏。

我问你："你知道吗？每个省都有自己的省会城市，比如，江苏省的省会城市是南京，那么浙江省的省会城市呢？我们去过的，你快去找找看。"

你很好奇，赶紧拿出地图探索，找到了浙江省，发现上面果然有个红点，写着：杭州。

这对你来说是新发现，你注意到原来每一块不同颜色的拼图上，都有这样一个小点，上面写着城市的名称。于是，你重新关注起这幅中国地图的拼板来。

"妈妈，新疆的省会城市叫乌鲁木齐，人家都是两个字三个字的城市名，就它特别，有四个字。"你告诉我。等我们再提问的时候，省会城市，你也可以倒背如流了。

然后，有一天，我要去北京出差，问你："妈妈要出差去北京，你知道，从上海到北京，要经过哪些省市吗？"

这又是一种新的玩法，哈哈，你马上又去找那个拼图。

没过多久，你的脑海里开始有了整个中国地图的模样，我们的问题还在继续……你因此发现，原来在这个像雄鸡一样辽阔的土地上，还深藏着许多你不知道的秘密。而且，你开始不满足，这拼图太简单了，没有铁路，没有山脉与河流，你想要更详细的中国地图，你想探索更多关于地图的秘密。

这，大概是你喜欢地图的开始。后来，中国地图不能满足你了，我们去玩具店买来了第二幅：世界地图拼图。记得那幅拼板可以像一本书一样打开，还附带了许多国旗，可以让你将国旗插到每个国家的首都上。

玩着玩着，你的小房间里，挂上了很大的两张纸质地图：中国地图和世界地图。每天早上，你不洗脸不刷牙，就会在地图前面看呀看，找啊找……

全家一起玩的游戏，还有很多。

生病去挂盐水，时间总是特别慢，我们就开始做各种可以用纸笔完成的游戏。

比如做数学题。那段日子，你对汽车，特别是公共汽车发生了浓厚的兴趣，家门口的 57、71、127、925、936 更是你的最爱，你几乎可以报出那些公共汽车每一站的站名。星期一早上送你去幼儿园的时候，你比售票员卖力多了，一站站报着站名，从上车开始，一直到程家桥那站下车，还恋恋不舍，生怕售票员漏报了一般不放心。

于是，我出的数学题，答案从一开始的57，到后来的三位数127、936，只要做对了，你都会很自豪，很惊讶，原来答案恰巧是一辆公共汽车啊！

这样的游戏，让挂水也不那么难熬了。后来，你不过瘾了，开始出题目给我们做。做题目用的是加法，但出题目，需要用到减法，我们没教过你减法，真不知道你怎么凑出那些数字，让题目的答案可以是925，好像就是在出题目给我们做的过程中，你无师自通学会了减法。

题目出多了，累。于是，我们拿出数学方格本，开始下五子棋。

两种颜色的笔就可以了，那些挂水的时间，很快从我们的指尖溜走。

我会输给你，而你会输给爸爸，五子棋的输输赢赢间，时间也就很快被打发了。

现在想想，是不是这个就是人们经常挂在嘴边的碎片时间，想来十好几年前，我们在利用碎片时间方面，就一直很有创意呢。

你上小学了，我们之间的游戏没有结束。你开始学拼音，我们就玩起了与拼音相关的游戏。我在电脑上开了文档，教你用拼音写日记。

你想去公园，我说，可以呀，但你必须用拼音写给我。于是，你拿出纸条写：mama，ke yi dai wo qu jiaotong gongyuan ma？

我看懂了，就带你出门，去交通公园开汽车。

那个交通公园，真的是你小时候的最爱。那里有各种汽车——小汽车、警车、摩托和吉普车，还有微型的马路，旁边竖起微型的建筑和路牌。

你喜欢开小汽车和吉普车，载着我们去到不同的地方，一路念念有词，把你在公交车上听到的、背熟的站名一路报下去。我和你爸爸，这个下去，那个上来，陪你在阳光满满的公园里驰骋。常常半个小时过去了，你还不过瘾，不愿意下车。

然后，回到家，你会找出各种小汽车，在客厅的地板上建起一个停车场、一条条马路，继续玩。

这样的时候，你不累，我们也不累。

等你基本掌握了拼音的技巧，我就可以不管你了，只要在电脑上开一个文档，然后，你就惊奇地发现可以用拼音输入法写出文字来，你最初的日记，就是这样完成的。虽然写的是你从起床刷牙到吃早饭再去公园的一些琐事，但学会了拼音，认识了字，而且像玩游戏那般轻松，多好的事情啊！

玩中学，是许多教育学家都提到过的教育艺术，其实，做起来，贵在坚持。

我觉得，幼儿园阶段，如何让孩子学会玩，玩得尽兴，又可以在玩中发现新的兴趣、体验玩的深度，做家长的，还真的需要去掌握一些技巧。孩子这么小的年纪，如果就对学习有了排斥，那实在是一件蛮糟糕的事情。

一年级开始时，很多过来人都告诉我，哎呀，小孩一读书，你的陪读时光就开始了，作业要陪读，默写要陪读，背课文要陪读，还有许多老师布置的作业，基本上就是要大人陪着才可以完成的……

我陪了几天，感觉不对，就和你爸爸商量，读书，是你的事情，我们要做的，是帮你养成一个良好的学习习惯。

于是，我们约定了一些规则，还是用了游戏的方式。

我们找来一本崭新的本子做记分本，和你玩起了加分减分的游戏。

我们在本子的第一页中间划出一道线，左边写下加分的规则，右边写下减分的规则，然后告诉你，每天晚上，我们一起做记录，做得好的事情可以加分，做得不好就扣分。一个月计算一下，看看你可以拿多少分。

这本记分本，到今天还躺在你的抽屉里，我们很珍惜，你也不舍得丢，看到它，就能记起曾经每天临睡前的记录时光。

那时候，你才上学不久，我们约定了每天回家第一件事情是做功课，如果你做到了，可以加一分；如果你可以在吃饭前做完功课，再加一分；如果你可以自己整理好书包，加一分；吃饭前洗手，上完厕所冲水、洗手，都可以加一分……一条一条，写得很分明。

当然，也有扣分的项目，比如，朝妈妈乱发脾气，考卷上忘记写名字，上课时插嘴等等，那是要扣分的。

然后，每天睡觉前，我们一起回顾这一天，有什么地方可以加分的，又有什么没做好要扣分的，这样的日子，每天都像节日一样，有了期待。

记分本在你小学一二年级的时候，为你养成了许多好的习惯，也给我们带来了美好的记忆。

一段日子以后，爸爸妈妈惊喜地看到，每天放学回家，你一定放下书包先做功课，功课做完了才会安心地玩，这个习惯很多年一直保持着。

吃饭前，你肯定会去洗手，不用我们招呼。

去做讲座，当听到很多妈妈问我，怎么陪伴一个孩子做作业的时候，我常常无语，记忆中陪过你做作业和检查作业的时间很少。

不是我不上心，而是从一开始，我就觉得，作业也好，功课也罢，是你的事情，不是我的事情。如果你才开始读书，就知道妈妈会帮你安排做作业的时间，完成了作业，还会帮你检查对错，你肯定会偷懒，等着妈妈来做这一切。那么，哪怕你做了作业，效率也不会高。

所以，这个共识，从一开始我和爸爸就达成了。当然，童年的美好，不是只有作业时光，所以，我们也与你约定好了，只要你完成了作业，我们就放任你玩，不给你加码学习任务。

你学英语了，我又想出来“英语接龙”的游戏，与你玩得不亦乐乎。

你才三年级，单词量当然比不过妈妈，于是，一路上玩着英语接龙游戏的时候，常常我会赢你。就像你一开始下围棋，回家与爸爸对弈，爸爸轻易地赢了你，那个时候，你会哭。我心疼，劝爸爸假装输一盘嘛，给儿子一些信心。爸爸不干，他说，输赢这种小事情，要让他自己学会承受。

“故意输给他，以后别人才不会那样对待他呢。”

确实，我赢了，反而激发起你的斗志，有一段时间，你那么起劲地翻《英汉小词典》，看到那本词典就放在你的枕头边上，我挺开心的。

我们都知道，读书不是那么轻松的事情，不是小小的游戏就可以替代的，肯定是需要花苦功夫的。我只是希望，它在一开始可以轻松点，在你还小的时候，不要对读书多一层畏惧。

终于有一天，我们再玩英语接龙游戏的时候，你胸有成竹，所有的单词全是 e 结尾，当我意识到你的用心，而且接不上来的时候，我输给了你。那一次，虽然输了，但我的心里，可是笑开了花的。

你后来告诉我，为了赢我，花了不少时间去翻《英汉小词典》，费劲找出那些 e 结尾的单词……

小学高年级，你在班级里想出了新玩法，受电脑游戏的启发，你悄悄开了家“舟点银行”，用的币种叫舟点币。这些画出来的花纸头，成了你们班级同学间的流通“货币”，你们用舟点币做很多有趣的游戏，真真实实热闹过一段时间。

这个情节，后来被我写到了小说中。

每次去学校给孩子们讲课，说到这个桥段，总是会引来一阵大笑。可以看出，大家特别喜欢那个“孙子亲不打人之股票”，以为我是什么天才，我每次都会告诉他们，这个“银行”的发明者，是小学时候的你。当然，你那个时候可是保密得很好，老师不知道，我也是到了你升入初中后，才慢慢知道的。

有一段时间，你和小伙伴们喜欢放学后在学校的操场踢足球，老师不让，怕你们摔伤，你们买一个球，老师就没收一个……于是，你想出来做纸球的办法，用胶带和废纸，滚成一个大大的球，那就不怕老师没收了。常常，老师在教室里发现一个纸球，没收了，会从其他同学的书包里，又变戏法一样变出好几个纸球来，你们乐此不疲，与老师打游击战呢……

对游戏的热爱，更表现在你对电脑的兴趣上。

那时候，你爱摆弄爸爸的电脑，总是摆弄到电脑无法启动，彻底罢工为止。

爸爸下班回来，会生气，然后要花很多时间重装电脑。

这场面不断重复，每一次，爸爸都警告你“不许再碰我的电脑”，你唯唯诺诺答应，然后又像是摆脱不了诱惑，你一次次趁爸爸不在，开启电脑，进入电脑游戏的世界，一次次让电脑死机。

我那时对电脑游戏是持反对态度的，有许多反面的例子告诫着沉迷游戏的危害，让我本能地对它反感。爸爸说我言重了，电脑游戏里有很多值得学习的地方，男孩子，怎么可以不会电脑游戏呢？你也和我说，妈妈，我至少要玩通一个游戏，比如红警，这样的话，下课才可以和同学们一起聊天，否则当人家都在谈游戏的时候，我会像一个傻瓜一样，不知所云。

我觉得这个理由很充足。

其实，我心里也明白，任何事情，都有分寸，如果分寸掌握得当，电脑游戏并没有那么可怕。

我想，这些小小的游戏，一定在你童年的生活中占据着非常特别的位置。

你小的时候，游戏是我们家的纽带，关联起我们的日常，也从某种方面激发了你的兴趣，养成了一些良好的习惯。

“授人以渔”，这是我的体会。对着孩提时代似懂非懂的你，其实蛮难把道理讲清楚的，如果游戏可以解决这个矛盾，何乐而不为呢？

童年的游戏，给到我们的，是一种欢快而又独特的记忆，是属于我们家的独一份，顺带从那些记忆出发，也让我们享受到了游戏带来的奥妙和美好。

就像等到我长大了，回忆起我的童年，那些分数、那些名次和作业统统远去的时候，我还会记得床底下的肥皂水，因为据说放在床底下一个晚上，更容易吹出肥皂泡；记得我自己织出了第一条围巾；记得我们躲在小颖家疯玩的时光……

有的时候走过你的小房间，我还会看到一个小小的身影，站在门口拿着乒乓球朝墙上一个自制的纸篮筐里投，不曾想，那个小小少年已经长大了。

“导航仪”

MM，见信好！

我所有的收藏里，大概最多的并不是球衣，而是地图。

我从小便喜欢汽车，后来爱屋及乌，还喜欢上了这四个轮子的大机器脚下延伸的路。

小时候，家里总是有许多你们审稿后留下的校样纸，我拿着这些纸玩，无非也就干两件事。

一是折飞机，二就是乐此不疲地画一张张“家附近的地图”。

最初是凭着自己的印象画。我用脚丈量过的路，大致都有印象。

我知道延安路中间有一段是弯的，凯旋路头上有一条“明珠线”（现在的轻轨三号线）。明珠线再往前的地方我那时候都没去过，所以我画的地图最边上的一条路，一般都定格在凯旋路上。

我还会在地图上标出家在哪儿，小学在哪儿，妈妈单位在哪儿……延安路是最宽的，其他的路就要窄一点，常常一不小心就画歪了，两条路之间接不上了，我就只能重新再取一张纸，从头开始画。

我不记得我画过多少张“家附近的地图”了，残次品大概更多。总也画不好的时候，我学会了找来真正的上海地图看，恍然大悟。

印象总是容易出错的，几条我从来都以为是笔直的路，其实在地图上也是弯的，上海很少有不弯的路吧。

地图上有更多的路，从家里延伸出去，可以一直延伸到外婆家，到交通公园，到人民广场……

很多地方我都没走过，它们原来是这样走向的。真是新奇。钻研地图，在我小小年纪时，让我觉得自己就是在探索世界。

我觉得地图就是一个缩小版的世界。地图上的标识总是能和我见到的现实对应起来。一幅画可能只能画上一棵树，一头牛，而一幅地图可以把整个城市都画进去。这让我觉得奇妙。

很快，我就有了更多的地图。我小房间的空墙上，挂满了地图：一张中国地图，外加一张世界地图。

中国省份的木板拼图和可以插国旗的世界地图拼板，都已经无法满足我了，那上面的内容太少，我早都熟悉了。墙壁上的地图有更丰富的内容：铁路、公路、大大小小的城市都标在地图上，我总爱驻足钻研，有时候看河流蜿蜒，有时候看山峰耸立，有时候看看各个省份都有哪些地级市……终究还是路更有趣。我关注的范围太大了，很难再让我有那种与现实的对应之感，兴趣倒是越来越浓厚了。

我可以在地图上认识坦桑尼亚、津巴布韦，我还能看到巴西的里约和圣保罗两个点相差不远，但是我没办法对那些地方有现实中的概念；反倒是我看到延安路一直绵延到外滩，一辆 71 路，就很容易去那儿转一转，验证一下地图的妙处。

每周我们都要去外公外婆家做客，然后打的回家。可能是担心出租车司机不熟悉路，爸爸妈妈总是要和司机规定了路线，然后司机按着这个路线走。我回家后总爱在地图上沿着出租车走的路划一遍——原来我们是这么走的；以及，原来地图是拿来规划路线的。我于是规划研究了从外婆家回来的种种路线，我们常走的那条路，确实是相当不错的一条最佳路线。

等到家里有了车，规划路线就正式变成了一件有意义的事。

我总是抢着去坐副驾驶的位置，抢着去做“导航仪”。

每年上海书展的时候，我会去地图社的展台买下上海各个郊县的分区地图。每到我们要去郊区玩，我就拿出一张郊区的地图，然后心安理得地坐到副驾驶的位置上。

方向盘好像并不是在爸爸的手上，而是在我的手上。这感觉还是相当好的。

我也有带路带错的时候。我记得有一次想找一家酒店，结果在小路里转来转去，路的尽头居然是一所医院。不过大部分的时候，我还是很靠谱的，因此渐渐也就坐稳了副驾驶的位置。

我们自驾出门旅行时，每到一个城市，就先找书报亭，在那里买一张这个城市的地图。然后我在副驾驶座位上把地图一摊，这个城市的各个角落尽收眼底。

这些地图回家后就不再看了。但我会很小心地把它们收藏在一起。

地图像是我去过的每一个地方的导航仪和明证，或者说，地图更像是我的伙伴，我们曾一起探索过那个陌生的城市。

地图，帮我建立起了对这个世界最初的认识。

忆：心情不好新年好

新年将近的时候，托儿所的老师教小朋友们学会了一首歌——《新年好》，那几天，多多一回来就唱个不停：

“新年好呀，新年好呀，祝福大家新年好！

我们唱歌，我们跳舞。

祝福大家新年好！”

听他唱得蛮像样，我就说：“新年里，要给爷爷奶奶、外公外婆唱哦。”

果然，新年里，亲朋聚在一起时，多多就会大声唱《新年好》，惹得大家拼命拍手，气氛特别好，做爸爸妈妈的，自然很得意。

年初二，家里招待客人，我和他爸爸都忙于应酬，对多多就放松了。他一个人正偷偷乐呢，喝了许多雪碧和可乐。

吃了饭，他和几个小伙伴一起玩新买的火车，整个就忘了要尿尿那回事。等到我们反应过来想叫他去尿尿，已经来不及了。他的裤子早湿透了，从外面的棉裤到最里面的棉毛裤，无一例外都浸在尿里。

我很生气，多多过了年就4岁了，居然连这点自制力也没有。

手忙脚乱地把裤子剥了，没有棉裤可换，只好将他塞进被窝，强迫他睡觉。我则匆匆忙忙为他洗裤子，他爸爸已经开好了油汀，想在最短的时间里把这些裤子烘干。

两个人都为请客忙了一天，原想客人走了可以休息一会儿，没想到，儿子又闯祸，还得继续努力。

两个小时后，多多醒了。而我坐在他旁边快要睡着了，还得强打起精神为他烘棉裤。也许看我唬着脸，他轻轻地叫了我一声："妈妈，你好吗？"

"再睡一会儿，棉裤还没干。"我的声音并不悦耳。

"我想起来玩。"

"你就乖乖地躺着吧，别添乱，妈妈心情不好。"

"妈妈，你新年不好啊？"他问。

"对，心情不好！"我重复道。

"那我给你唱《新年好》，好吗？"多多忽然笑着说。

也不等我有什么反应，就开始唱了：

"新年好呀，新年好呀，祝福大家新年好！

我们唱歌，我们跳舞。

祝福大家新年好！"

唱完后，他看着我，一本正经地问："妈妈，现在你新年好一点了吗？"

我笑了，笑得很畅快，他也跟着我笑。

本来我也知道，玩得起劲的时候，忘了尿尿，对孩子来说应该不算太大的过错，可自己一累，就容易因这样的错而发火。

好在多多的歌，及时给了我提醒。

在后来的时间里，我重新快乐起来，和多多一起背起了他喜欢的儿歌。

忆：大灰狼来了

3岁以后，多多不肯睡午觉了。

在他的小床上，他可以想尽一切办法折腾：翻跟头啦，玩枕头和被子啦，或者索性放声高歌。我火气慢慢大起来。

我只管对着他叫："快睡觉，闭上眼睛，睡够了你才能长高高。快，闭眼睛！快！……"但很难奏效，他照旧一蹦三尺高。

无可奈何了，于是，我开始用"大灰狼"来吓唬他。

"哎呀，刚刚大灰狼对我说，哪一个小孩没闭眼睛啊，他的肚子正饿呢！你快闭好眼睛，否则大灰狼要来吃掉你了。"

那时，多多爱听的磁带里有一首儿歌，里面唱道："大灰狼，跑出来，最爱吃不睡觉的小孩子了……"所以，我这么一说，他似乎很能体会，赶紧闭起眼睛，不一会儿就睡着了。

但是，这办法灵验的时间不长，他又开始"重蹈覆辙"了。

因为，他渐渐发现，不管他闭起眼睛还是睁大眼睛，大灰狼始终都没有出现过，于是又开始在床上捣蛋了。

有时想想，我也觉得很好笑。

我小时候，也常听长辈们用一些诸如"大灰狼来了"的办法吓唬小孩子，那时的我虽然小，对这种无能的办法，已经有了些不屑一顾的态度，觉得那些家长把孩子想得太傻了，以为他们什么都不懂。其实，孩子的世界非常大，他们对很多事情的理解，并不亚于大人。

那时曾悄悄发誓，等我长大了，有自己的小孩时，一定不用这样老套无用的办法来对待孩子。

可是，偏偏事与愿违，我在重复着同样“愚蠢”的套路。

真正有了多多以后，我才知道，许多事情，所谓存在就是合理，是很有些道理的。孩子只有每天保持充足的睡眠，才能茁壮成长。这是硬道理，但要把这个道理和他们说清楚，谈何容易？在他们看来，要他们睡觉，无疑是让他们“离开”这个五彩缤纷充满诱惑的世界。他们又如何会舍得呢？

我的目的是要他赶紧闭上眼睛，快快睡着！所以用什么样的办法来达到目的，就显得不重要了。

“大灰狼”这个法宝，嘴里说说不管用之后，我又有了新的办法。

趁他不注意的时候，我轻轻敲一下门，然后赶紧说：“呀，你还没闭眼睛啊！你听，大灰狼都来敲门了，快闭上，否则我去开门了。”这一招果然又灵验了。

真真实实的敲门声他是听到的，他又信了。

于是闭上眼睛，不敢张开！我便不失时机地对着门外大叫：“你走吧，这里没有不睡觉的孩子。”

后来，怕麻烦，就直接敲着床板吓唬他。

每每总能奏效。

我很得意了一阵子。

可一段时间以后，这个秘密终于被他发现了。

那天中午，我照例说着关于他再不睡觉大灰狼就要光临的话，他看看我，又看看他身后的床板，然后煞有介事地用他的小手敲敲床板，对我说："大灰狼来敲门了！"

愚笨如我，已经没有什么办法了！

忆：新年礼物

要进入新千年时，多多也过了3岁的生日。

他的爱好慢慢显现出来，喜欢所有的车子，特别是火车。

每次到商店的玩具柜台，他总是目不转睛地看着橱窗里铁轨上突突开着的火车不愿离开。每当这个时候，我一催促，他爸爸就会说："再让他看一会儿吧，我小时候也常常这样。"

先生触景生情，说起他小时候，也曾经很想要一辆火车，但这个愿望却始终没实现。

"一直到我工作以后，才自己花钱买了辆火车。"先生说起时仍然耿耿于怀，"今年一定给他买一辆火车。"

我笑先生，想起他给多多买玩具时从不吝啬的态度，以及买回来后自己迫不及待的样子："原来是你自己在过把瘾啊！"

在买玩具这件事情上，我总是持反对的态度。家里的玩具太多了，多多就不知道爱惜；随时随地都能得到玩具，又使他没有一种得来不易的欣喜感觉。

想想自己小时候，对生日和新年的期待，拥有礼物时的那份特有的欣喜若狂，从来没有在多多的脸上发现过。

但说归说，千禧夜那晚，终于抵挡不住商家的诱惑，我和先生一起为多多买了一辆火车。那是很长的8字形轨道的火车，会倒车，会鸣叫，还会唱歌。两个人都很开心。本来说好，这个夜晚把多多放在他奶奶那里，两个人出来逍遥逍遥，过过二人世界的。没想到，一不小心，又把一个夜晚的大多数时间花在了为多多挑选火车上。

做了父母以后，想再回到过去的生活真的是不可能了。没有人强迫，自己心甘情愿就做了儿子的俘虏。

回家的路上两个人都很兴奋，想象着多多得到礼物时的神情，却又有点犹豫，说好过春节再买礼物的，现在才过元旦，他会意外，还是无所谓呢？

终于商定，把这份礼物藏到过年。

我们悄悄地将火车放在了大衣柜顶上，克制住自己的兴奋，然后一本正经地对多多说："如果你听话，到过年的时候，妈妈一定给你买一样礼物。"

多多懂事地点点头："我要大火车！"

这样的话在一月里几乎天天重复，我常常不由自主就会朝大衣柜顶上瞄一眼，忍不住想将这个秘密拆穿。

多多想过年似乎就是为了有这样一份礼物，人也变得特别听话。

有时想想，觉得自己够严厉的，面对一个天真可爱的孩子，居然就忍得住。

幸亏很快就到了大年夜。

睡觉前我和多多说："你快快闭上眼睛，你一睡着，火车就突突地朝我们家开来了。"

"我要看着火车开来。"

"不行，火车喜欢乖孩子，明天早上你醒来的时候，肯定会看到一辆崭新的火车的。"

多多半信半疑，带着向往慢慢进入了梦乡。

看多多睡着，我和先生马上行动。终于可以揭开谜底了！

说真的，我们等得比多多还心焦。

两个人几乎忙了一个多小时，才在他的玩具角搭好了8字形的铁轨，试着让火车在铁轨上欢快地跑了一圈。

然后，我又将玩具盒子工工整整地放在了多多的枕头边。

所有这一切做好时，已经快12点了。

看着梦乡中的多多，我忽然感到一阵幸福……

早上多多醒来时，当然马上就看到了枕边的盒子。

他睁大了眼睛，有点不相信自己，然后大声叫我："妈妈，妈妈，是火车吗？"

我在一旁吃吃地笑："你说呢？"

我们就那么一动不动地躲在被窝里看他的反应。他先是伸出手来拿起盒子仔细看，看了一会儿，就决定将盒子拆开。他坐了起来，我和他爸爸都急了："快躺下，要感冒的，火车在你的玩具角等你呢！"

他再也不肯躺下去，吵着要自己穿衣服。

想睡一会儿懒觉也不可能了，我们只好起来帮他穿衣服。

这一天早上，他相当配合。他跑到玩具角，没有洗脸，没有吃早饭，就迫不及待地开动了小火车。

整整一天，他沉浸在获得火车的快乐中，他相信，因为他的期盼和听话，火车终于在过年的时候，开到了我们家里。

那份喜悦在之后的日子里一直延续着。很久以后，问他新年里什么事情最开心，他仍然会告诉你，是火车！

新年过后，我们又悄悄将火车收了起来，放回到大衣柜顶上。

多多一点也没有觉得奇怪，也许在他看来，火车陪伴他一个春节之后，就开走了。

当然，他在盼望着明年过年，他相信到那时，火车会再开来！

忆：拼音游戏

多多到了一年级，开始学拼音了。

第一次去开家长会，老师就告诫说，拼音很重要，而且，到了考试的时候，不是要你一个一个音节地拼，而是需要把一句句子拼出来，然后读给老师听。

所以，老师最后总结说，平时家长一定要配合，每天给孩子多练。

熟能生巧嘛！

老实说，在他还没有读一年级的时候，我已经听许多过来人说过，一年级的学生负担有多重，孩子多么不容易。想到三年幼儿园生活，儿子始终是在玩当中学一点东西，一直没有任何负担，我权衡了一下，决定沿袭幼儿园时候的做法，还是让他在快乐中学习，尽可能把他可以快乐的时间延长一些。

但不管怎么说，进了小学以后，学习还是第一位的。

拼音确实要学，就说我现在的工作，没有一天可以离开拼音的，打字需要拼音，用电脑也必须依赖拼音。

我决定还是以游戏来解决这个问题。

那天，是双休日。中午吃完饭，我打算带他去公园玩玩，忽然灵机一动，就叫他拿一张纸来，告诉他说：“妈妈下午想带你出去玩，不过我会把要去的地方写在纸上，你看懂了，我们才去。”

儿子兴致很高，他喜欢和我做任何的游戏。

他欢快地拿来了纸和笔，我就在纸上写道：

wo men xia wu qu jiao tong gong yuan，hao ma？（我们下午去交通公园，好吗？）

他很费力地读着，有点不耐烦，但等他读完，知道是要带他去交通公园开汽车，马上来了劲。

“好的，好的。”他大声回答我。

我装作听不懂，对他说：“你也要用拼音回答我才可以啊。”

他想了想，第一次开始写拼音。在这以前，他的任务是认拼音，学拼音，还没有开始将汉字用拼音来表示。

万事开头难！

看他歪歪斜斜写下一串拼音，我心里很高兴。我知道这游戏他又接受了。

以后如果要出去玩，我总会坚持用这个方法和他交流。

他觉得新鲜，更主要的是，拼音对他来说已经越来越简单了，他起先要花很多时间来读懂的句子，现在花的时间少了。

这样一来，他觉得与我多了一个交流的方法。

有一天中午，他们开完运动会早放学，我就把他接到了我的单位。

他在我旁边一个位子上做功课，我在自己的座位上吃午饭。

忽然，他递过来一张纸条，上面写着：

ma ma，ni zai chi shen me？ zhe me xiang.(妈妈，你在吃什么？这么香。)

我很高兴，就用拼音回答他：

wo zai chi mian bao.（我在吃面包。）

kan ni chi de jin jin you wei de，hen hao chi ma？（看你吃得津津有味的，很好吃吗？）

看他还用上了成语，我及时表扬了他。

我发现当我们认真做着这个游戏的时候，他对拼音的熟练程度在不知不觉中就提高了，而且他以此为乐。

我们还在继续着这样的游戏，有时候，写错了，读出了其他意思，母子二人会哈哈大笑。

当快乐在我们周围漾起的时候，我知道，这一次，我又做对了。

拼音游戏还在继续。现在，到了晚上他上床之后，会大声叫着：ma ma pei pei wo！（妈妈陪陪我！）

我笑着去亲他的小脸蛋，和他道晚安。

真的希望，学习对他来说永远是一种兴趣，而不是负担。

我知道，这不一定是最好的办法，但只要有用，或者说，能更长一点维持儿子快乐的童年，我愿意一直陪他这样玩下去。

话题二：亲子陪伴，从阅读开始

主题词：

阅读习惯

学习习惯的养成

贵在坚持

打开阅读之门

亲爱的多多，你好！

最近一段时间，我去学校的时间多了，去讲阅读和写作，每次走进那里，看着那些可爱的孩子天真渴望的眼睛，仿佛时间倒流，又回到了你上学的那些个日子，想到我们一起相伴的晚上时光，我们一起说过的话，读过的书，经历过的快乐。

与你“耳鬓厮磨”，是从我们选择每天晚上将古诗词当作摇篮曲开始的。

说起来，这曾经是我的童年回忆，你外公喜欢古典文学，顺带就让我和你舅舅从小背唐诗宋词和《古文观止》中的诸多名篇。而他厉害的地方是，不用看书，就知道我们背得对不对，所以，我和你舅舅小时候都有这样的背诵记忆，假日里或放学后，总是要背完了才可以到楼下玩。四绝古诗已不在话下，古文越背越长，什么《木兰辞》《桃花源记》《曹刿论战》等，都是那个时候记在脑子里的。很奇怪，后来学校语文课上背的那些古诗词，基本都忘光了，而小时候印进脑海的东西，还一直在那里。

这大概就是古人说的“幼学如漆”吧。

于是，这办法就沿袭下来了。你才 3 岁时，晚上睡觉前，我和你爸爸就试着用古诗催眠，从“床前明月光”开始，一首接着一首。常常是这个晚上我们连着读了三四遍的一首古诗，第二个晚上你就可以依样复述了，屡试不爽。这颇让我们惊讶，孩子超强的记忆力，远不是我们可以想象的吧，那么，可不可以试一下更长一点的古诗文呢？

很有想象力的是，我们当时选择了 88 句的《琵琶行》。

我曾看到过一则新闻，说扎克伯格在他第一个女儿未满月时就陪她一起读《给宝宝的量子物理学》的绘本，给她印下对书最初的好感，以及对微观世界的朦胧印记。我忽然就想到了我们伴你背古诗的那些日子，当孩子还是一张白纸的时候，喂给他什么，是不是他都可以本能地接受？好比我们在一张白纸上涂颜色，一遍遍加深……站在这个角度去理解，从胎教时主张的听舒缓的莫扎特音乐，到在孩子的玩具中放一本书，似乎都有合理性，是蛮靠谱的做法。

整个童年时代，你可以背诵《琵琶行》，一直是让我们骄傲、让别人赞赏的一件事。而对你来说，估计一直到今天，你还能很顺溜地背出《琵琶行》吧？虽然后来你选择了理科，但我记得，一直到初中，每次开学发了新课本，你最先看的多半是《语文》，你会去关心新学期的课本中有哪些古诗文的篇目，其中有多少你已经背过了。初中有一段时间，你告诉我，学校的早自习时间，你最喜欢做的一件事情，就是多背几首古诗文……现在想起那些个夜晚，我们其乐融融的念叨，对我和你爸爸来说，是一段美好的亲子时光，于你，也是记忆里最深的一个痕迹吧。

这像是一个开始，从此，你喜欢上了与文字有关的很多事情。

那段时间，你吃饭最好的佐料就是《大头儿子和小头爸爸》的动画片，那份专注和情有独钟，让我脑洞大开，觉得也许全中国的三四岁孩子都会喜欢“大头儿子”。我们一起看动画片，一起听大头儿子的故事，津津有味，然后，我萌生了做一本《大头儿子和小头爸爸全集》图书的念头，正好那时候我和这部动画片的作者郑春华是面对面一个办公室的同事，我们一拍即合，选题很快通过了。后来，我做的书出版了，你自然高兴，仿佛妈妈特意为你做了一本书，“近水楼台先得月”，你起劲地捧起厚厚的书翻读，好像你对那些方块字天生认识一般，印象中那年你才幼儿园中班，5 岁吧，这应该是你最早读到的文字书了。

陪你读这些故事，在你从这些有趣的故事中享受快乐时，我也从这些故事里获得了与你相处的艺术。那时候，我和春华阿姨经常聊的话题就是孩子的教育，如何与一个孩子相处，才可以做到不动声色又恰到好处。那时候，她的儿子正面临小升初，有学习与玩耍间的挣扎，有想踢球遭遇老师反对的苦恼，她的许多经验和做法，给我的启发良多。

这样的交谈多了，我意识到，一个优秀的儿童文学作家，是可以将对生活细致的观察和敏锐的思考融进她的作品的。春华阿姨将她的家庭教育理念，一家其乐融融、平等相处的理想，以及一个父亲在家庭中的陪伴角色和积极参与的重要性等观念，都融进了《大头儿子和小头爸爸》这部作品里，难怪这部动画片可以风靡这么多年。在20世纪90年代中期，这些理念是领风气之先的，许多忙碌的爸爸因为看了动画片和图书，留出时间回归了家庭。

我很庆幸，在我的编辑工作中，遇到了这样一本书，一个知己。进而观照到我的家庭生活和教育理念，也许从与你相处的一开始，我就有意无意间在模仿甚至想超越作品中那些家庭关系和教育模式吧。

和你一起看动画片和阅读这本书的好处还在于，你我都有了一个参照，一个榜样。我们讲一件事情的时候，可以从大头儿子的故事里找到共鸣和联想，大头儿子喜欢的事情，你也乐于尝试；大头儿子勇敢，打针不哭，你也行！大头儿子去探险，你也想去……

很多生活中需要讲明的道理，通过故事和一个榜样人物“大头儿子”去展开，简单多了。

书，就这样貌似不经意地走进了你的生活。

记得你三年级那年的五月，我带回来一套《哈利·波特》，交到你手上希望你看的时候，你还对我说："别逼我看书，这么厚啊！"我笑，说你看了再说。你当然就迷上了，每天晚上不肯睡觉，考试那几天，不复习，也是拿着书不放，就这样，暑假才开始，你就已经看完四本了，然后一定要求我去买哈 5 和哈 6，没几天就又看完了。

读《哈利·波特》的那段时间，你是多么想得到一件隐身衣。陪你去学围棋，一路上你会一个人念念有词，那是你在念着咒语，期待因此眼前会出现一个魔法世界——你坚信是有一个与"麻瓜世界"不一样的世界存在的。你羡慕哈利，羡慕他一念咒语，世界便在他眼前展开，羡慕他可以披上斗篷飞起来……六本读完，还不过瘾，我们开始等待最后一本什么时候出版，你还特别关心在最后那本中，哈利·波特会不会死去？因为那次我们几个大人在谈话的时候说到《哈利·波特》的作者罗琳，写完哈 7 大哭了一场，你在一边听到了，回来后担心了好几天。你告诉我，真的一点不希望哈利·波特会有什么不测，哈 6 中邓布利多的死已经让你很难过了。

在这之前的那个寒假，你读的是马小跳，也是一本接着一本，没有停息。所以，很容易要你比较，哪一系列更精彩呢？你当然没有疑问地说是哈利·波特，然后还告诉我，上个学期，你之所以总是让蔡老师头痛，其实是和马小跳有点关系的。因为觉得书里的马小跳太开心了，太自由了，所以你也想要一点别样的自由！

我特别感叹，想到了一句诗：润物细无声。原来当你沉浸到一本书里后，你的世界就会发生微妙的变化，图书的那种渗透力，那种潜移默化间对一个孩子的影响，不知不觉，却真实存在。

再大一点，你开始像许多男生一样，迷上了爸爸书橱里战争类的书籍。你先是将爸爸收藏的《第二次世界大战战史》等一本本拿出来读，后来去书店或书展的时候，你会去挑一些家里没有的关于"二战"的书，把各种观点各种作者写的"二战"历史书都找来看，有空就和爸爸讨论，这个战场那个战场的。这个话题我一点插不上嘴，这是你们感兴趣的世界，也因此，你和爸爸都爱玩红警游戏，我每次从你们的背后经过，看到你们在那个打打杀杀的虚拟世界中拼搏，我知道，作为一个男生，你有我无法涉猎和沟通的领域。

有一天，我们聊到这个你感兴趣的话题时，你很有把握地告诉我："妈妈，关于'二战'，我的了解很立体和全面了，中国人、欧洲人、美国人和日本人不同立场的关于'二战'的书，我都看了，我大概可以写一本很客观的有关'二战'的书了。"虽然是童言无忌，我还是很欣慰，从泛读到精读，阅读所给予你的不仅是乐趣，还有方法，以及一种专研的精神。

你的阅读清单并不算太长，但我们一起的阅读记忆，弥足珍贵。正是这些记忆，让我现在会经常去学校和孩子讲阅读的好处，和家长讲珍惜亲子阅读的时光。如果时光倒流，我很希望我们有更多的时间去读一些经典和绘本，可惜，你成长的时代，绘本还是稀罕物。

记得日本图画书之父松居直曾经说过："与孩子一起看书，就好像和孩子手牵手到故事国去旅行，共同分享一段充满温暖的快乐时光，即使经过几十年，我们仍然以自己的方式，将这些宝贵的经验和美好的回忆珍藏在内心深处。"

所以，扎克伯格也许就是想在女儿幼小的心里埋下一点量子学的影子，或者，更可以说，是埋下对阅读的热爱吧。

从这个角度说，亲子阅读或许真的是一把打开孩子智力潜能的钥匙。

当你阅读的图书增加了，你阅读的面开阔了，你的视野也因此打开了、丰富了；你对世界的认识、你的间接经验和理解能力也在积累，这些积累，让你有机会去阅读更深奥更有难度的书，也有机会参与更有层次的对话。

遗憾的是，整个中学时代，你开始的奥数和奥物竞赛，花费了太多的时间和精力，阅读闲书的时间几乎没有，我估计你自己也意识到这个缺憾了，所以，进入大一后，听说你去图书馆借了不止一本文学经典名著。我在心里偷偷笑了，童年的阅读记忆和习惯，真的会陪伴你，很久很久。

然后，最近，听说你在读《红楼梦》，是不是快读完了？好奇一下，一个理科生阅读如此文艺和儿女情长的经典，是一种怎样的感受，可以分享一下吗？

阅读的乐趣

MM，见信好！

“浔阳江头夜送客，枫叶荻花秋瑟瑟……”这是我从小逢人就背的诗，当作是一种炫耀。小时候的记忆力确实惊人，当时不仅背古诗，我记得一个水墨动画《小蝌蚪找妈妈》的字幕，我全部都能记下来，当然还有57路每一站的站名。当然，现在都不太记得了，只还记得《琵琶行》。

小孩子背东西的方式，大概是和大了之后完全不同的两套模式。到了初中、高中背古诗古文自然要先明其义，后记于心。小时候是完全不懂的，背出《琵琶行》时其中每一句是哪些字我都不知道，但就是可以“一路火车开到终点”。我记得其中有两句是“五陵年少争缠头，一曲红绡不知数。钿头银篦击节碎，血色罗裙翻酒污”。当时念得也不对，绡（xiāo）念成了“烧”，然后心里就觉得是“红烧”，后面又有“击节碎”“血色”，就猜想大概是在切肉，切的还是红烧肉。每次背到那两句就流口水。现在明白意思了，想想真是“可耻”。我记得应该是上初中了，有一次跟着爸爸去他学校的一个教室里，我无聊，突然想起来去看看《琵琶行》里面各个字都是什么字，才第一回看到《琵琶行》的真貌。之前可以说我背的《琵琶行》完全是毫无营养的。不过要是我不会背，根本也就不会在无聊的时候去翻《琵琶行》了。

小时候，总是有别人家的孩子读书比我多，爸妈同事的孩子啊，亲戚的孩子啊，读书都要比我多。我大概也是承认的，我读的书实在是算不上多，特别是到了初中、高中以后，时间都被课业挤没了，我又没有那么爱好读书，宁可打游戏、看球赛，因此荒废了读书。直到高中毕业，四大名著才看了三国、西游两本而已，多数的书还是小学和初中低年级读的。

其实，读书还是一件挺有趣的事情，只是要记住，千万要把它当成是消遣，而不是完成任务。

我小时候看《哈利·波特》《淘气包马小跳》等等，无不看得入迷，或者看得捧腹。当然我现在觉得《哈利·波特》还是很经典，《淘气包马小跳》相比来说就纯粹是为了让人捧腹了。我现在还记得《哈利·波特》里面说被选中的麻瓜会在小学毕业之后收到一封信，能去霍格沃茨上学，当时我还是四年级，心里对去那里上学还是有期待的。读《哈利·波特》那段时间，我总是手里要拿一支笔假装是魔杖，对着人指指点点地念咒语。有一回爸爸骑电瓶车送我去下围棋，我一路上拿着笔几乎对每一个路人都施了恶毒的黑魔法。

以我的经验，读书还是蛮容易让人沉进去的。我记得小时候有一段时间对“二战”的书特别入迷，一开始是看爸爸书橱里的，后来不过瘾，又去买来各种角度、各个战场的“二战”的书。俄国战场、太平洋海战、北非的战斗，当然也包括抗日战争，我都找过专门的书看。许多都是外国的专家写的，有些其实还属于学术性专著，每一本都是极厚的，而贪婪的我还希望它更厚一点。那一段时间对“二战”可以说是了如指掌，许多细节我都能够一一讲出来。很有意思的是，当时对那段历史熟了之后，我还曾经在我的一本小本子上写过一段“动物大战”的故事，大意是不同的动物组成一个个王国，有鼠国、猫国、牛国……然后有一天颇具野心的鼠国突然发动了战争，凭借着他们发明的新式机械，绕过了一个动物国精心布置的防线突然把它击溃（其实原型就是马其诺防线），引发了动物世界的巨大不满……当时写了好几页，还画了地图，当然画地图我是比写文字还擅长的。不过后来这个故事并没有后续，只有开端的那几页。那本本子我好像还留着呢。

所以读书除了作为一种消遣的方式之外，还会给人以更多的潜移默化的影响。很多专家讲读书怎么怎么好，说得都对，而我觉得读书对人的影响实在是难以估量的。现在的人工智能火到不行，其中有一个方向就是人工智能处理语言的时候，是把互联网上巨大的语料库输入到一个精心设计的人工神经网络中去，以期让网络了解各个词语之间的关系，把各个词语表达成数字（向量）的形式，这个叫 word2vec。但是它其实工作得不怎么好，计算机就算是读遍天下文章，目前也难以理解词语的意思，最多只能比较出一些词语之间的关系而已。

相比之下，我们的神经网络就比人工神经网络要高效得多。人类的大脑简直是巧夺天工，人很小的时候不需要经过多少的训练（和计算机接受的训练量相比）就能掌握一门语言；读文章能很清楚地明白它的意思，并且还能从中感受到情感，感受到善恶美丑。这要远远超出现在的人工智能可以达到的水平。我们的大脑在读书方面比电脑厉害太多了，它用一种我们可能还不太清楚的方式在运行着，支持着人类数千年来知识库的不断进化。

我现在在物理系，平时当然没有少和书打交道。只不过接触的书都叫做《热力学与统计物理》《量子力学教程》《统计力学》《数据结构》什么的。常年和公式打交道，我倒反而更愿意腾出一些时间来读一些文学作为消遣。这也是我为什么要去找《红楼梦》看，之前还找了不少的文学书，包括《呼啸山庄》《简·爱》，等等。我觉得读这些东西一方面是放松，另一方面能给我带来一种愉悦感。

这些作品中的人物都是极鲜活的，又经历着一些不平凡的故事。我觉得我很难用语言描述这种愉悦。它往往让人思考，或者有点震撼，或者让人觉得遗憾又无奈。我觉得这些东西能给我带来比游戏更有价值的感受，也比游戏能够帮我打发更多的时间。

所以往往期末考完到回沪中间还有一段时间，每天的寝室里总是会出现室友在疯狂打游戏，而我正抱着书在看的画面。也不是我有多刻苦，只不过打游戏一会就打厌了，看小说看不厌而已。

我喜欢找名著来看，觉得名著里蕴藏着更多的“暗能量”。

至于你提到《红楼梦》的读后感，我倒觉得虽说我是读理科的，可也不至于是太糙的人，有时候我还是蛮细腻的。所以细腻一点的感情我自认是能够体会一点的，不过理科生也许就是有理科生的“轴”，宝玉、黛玉的“殉情”读起来就是比宝钗的“情商高”“实用”要更令人舒心一些。我的理解是，当一个人有了某种追求和所爱，就不愿意屈就了吧。

我还有很多小时候欠下的读书债，打算慢慢地还。也许永远也还不清的。我最近想读《三个火枪手》，去图书馆借来看，可是开学了一忙又搁下了，大概还是要放了假才有时间吧。

阅读的无限魅力

亲爱的多多，你好！

开学后知道你忙，大三要修的学分不少，每个星期还要去计算机的实验室待足二十个小时，还有你喜欢的绿茵协会的马杯比赛……对于我们之前约定的回信，我有点没信心。当然知道你是个重然诺的孩子，可是，时间就这些，何况，大三是又一个关键点。

所以，周末收到你的回信，让我有些受宠若惊，惊讶之余，我想要感谢文字和阅读带给你的细腻，还有字里行间，你表达出来的对阅读的理解。

以一个理科生在公式和数字中不断穿梭的思维写下这些文字，说心里话，妈妈的心里暖暖的，我忽然觉得，我们相伴的那些日子，以及我一直热爱的儿童文学写作和出版工作，真的很值得。

互联网高速发展的今天，“00后”都是网络原住民，人们接触信息的途径和形式更加快捷，信息量也是大得惊人。可是，网上的内容良莠不齐，而且碎片居多，怎么让孩子们找到好的文字，让他们在优秀的文字中感受真切的温暖和爱，成了一个重要的课题。从这个角度说，美好的儿童文学远不止给孩子带来肤浅的感官欢愉，更应该启迪他们的心灵，为他们绘制一个温暖的天空，让他们信心满满地在天空下自由成长。

上个周末，我们去了浙江金华，为我们尊敬的刘绪源先生开一个研讨会，探讨他的一本理论专著《中国儿童文学史略（1916—1977）》。在为研讨会做发言准备时，我翻到了五年前（2012 年）留下的文字，那是我当时作为三审，阅读完这本书稿后留下的一些感慨，写到了我自己童年阅读的回忆，和我对阅读的一些思考，我取了个题目，叫“儿童文学的魅力”。

待到读了你的回信，我忽然觉得，真的啊，读书，是多么好的事情啊！

想起古人说的“书中自有黄金屋，书中自有颜如玉”，古人所指，未必是财富和美女，可能更是内在获得时的愉悦和自我成长吧。

你说，阅读是为了消遣，首先要沉浸，我很同意，我还很高兴，你拿来消遣的都是经典名著，这大概也与你小时候的阅读选择有关吧。读书跟吃饭一样，享受过好的，口味就“刁钻”了。

经典经过了时间的考验，确实值得回味，经典的长篇本身就是一个恢宏的世界，可以从中读出多重滋味来；你说，阅读比游戏带给你更多的愉悦感，这个也是我对读一本好书的感受。放空自己走进书的世界，内心的宁静和愉悦，在阅读的当口，有这些足矣。

而其实，除了沉浸和愉悦，那些你也许作为消遣读过后藏在脑海中的故事，或许在未来某一天，还会让你发现新意，收获感动。

五年前读《中国儿童文学史略》的时候，我常常游离出去想到我童年的阅读体验，那些暑假午后竹榻上的阅读时光，那种以为自己读懂时的会心一笑，还有，和好友一起读诺索夫的故事时哈哈大笑的欢畅……这些情景全部涌上心头，那种仿佛穿越一般的幸福感，久久停留在我的心头。

正是童年阅读带给我的美好记忆，让我选择了这样一份职业，让我在之后的日子里，可以常与书相伴，可以由此见识到世界上最优秀的作家和作品，可以让自己有了敏锐的评判能力和强大的自信心。

这个月，应上海译文出版社的邀请，为几本经典名著写导读。于是，我重读了《老人与海》《安徒生童话》《吹牛大王历险记》等书，很有意思，比起小时候的阅读，到了知天命之年重读，居然读出了不一样的滋味。

小时候，老师告诉我们，接受命运的挑战、不断抗争是《老人与海》的主题思想；而今天再读，我看到了那个在大海里无形的手，看到它对待一个饱经风霜老人的那种姿态，看到了一个老人的无奈与妥协，但即便如此，人也是不会轻易被打败的。

同样，小时候读《皇帝的新装》，觉得小孩子勇敢，大人都好虚伪；现在却还会想到，那种熟视无睹的环环相扣，是因为有私欲的土壤在起着微妙的作用，没有那个小孩的一语道破，那个看似可笑的谎言，也许还会继续发酵放大呢。再读《丑小鸭》，明白了，如果你是块金子，不急不急，总有一天它会发光的，就像那个“丑小鸭”在不断孕育着有一天成为白天鹅，绵长的时间可以证明一切。而读《豌豆公主》的时候，不断在想，所谓高贵的灵魂，就是连一颗细小的“豌豆”也是不可忍受的……

所谓经典，大概就是这样的作品，让人可以在不同的年龄读出不同况味吧。

阅读的无限魅力还在于，看似漫无目的，杂乱无章，但读得多了，之前的经验会带动当下的阅读，让你的阅读体验不是孤立的，而是有迹可循的，到有一天，也许它们便融会贯通起来。

那天，绪源老师在发言中说，在他写《美与幼童》时，发现他的现代文学、美学、哲学和思想史的底子都会涌出来“帮忙”，还有学前教育理论、儿童心理学、周作人研究、皮亚杰研究、弗洛伊德研究、哲学、人类学、人类史……统统涌出来成就他；他还举例说，皮亚杰原来是一个生物学家，他将他生物学的研究用到了儿童心理分析上，居然触类旁通获得了成功！

我听了，如醍醐灌顶，觉得很有道理。人脑实在很奇妙，文科、理科只是我们的分类，大脑才不管这些呢，它用它的方式来归纳整理进入大脑的各种信息，放在不同的角落，等着有一天我们去调取享用。

我不知道我这样说，你会不会赞成，我的理解，阅读的过程，是很奥妙地搭建内心知识平台和想象空间的过程，人的大脑真的非常神奇，它会把你阅读过的东西留在某个角落，在你需要的时候调取出来；它甚至能帮你整理和归纳，理出条条缕缕的头绪来。它给你的，不仅仅是文学的滋养，它还会让你有了学习未知领域的理解力和领悟力，参照系和合理的联想，为你之后学任何东西、看任何文字提供必要的储备……而这样一种能力，其实是需要后天通过不断积累有一定难度的阅读来培养的，到有一天，就像武侠小说中说的贯通，他们终有时刻会触类旁通，让你对文字背后所表达的那些含义心领神会。

工作以后，与书稿打交道成了我工作的重心，不知不觉，读了一些书，也学会了一些读书的方法，知道了做好一件事，需要钻研穷尽，弄懂内在的规律，找出解决问题的关键点，而在寻找那些关键点的过程中，大脑会将你读过的书，你的见识，和你的储存一一调取出来帮你，从这个角度去想你读过的书，不管是杂书、闲书、专业书、文学书，也许都会在某一个时刻浮现在脑海里了。

我之前爱说一句话：任何经历都是财富。这经历恐怕不只是直接的经历，也包括间接的经验，而间接的经验中，阅读应该是很重要的组成部分，哪怕那不是专业类的知识，而是人情世故儿女情长的文学类作品，也一样包含着经验。

所以，以一个纯粹理科的思维，去读《红楼梦》和《三个火枪手》，权当消磨时光存进脑海一些美好的故事，说不定就碰撞出某种不可小觑的火花了。

当然，我说的这些，是到了我这个年龄才有的体会。但不管怎么说，不去研究阅读有什么用，不去功利的时候，阅读纯粹到只是消遣，只是愉悦，才会将阅读的内容入心入脑，我觉得也就真正享受到了阅读的妙处，这样也便足够了。

真的好高兴，理科生如你，每天在计算机的“码农”生活之外，可以享受文字的美，走进那个美好的世界，也让我和你，有了更多的共同语言和交流平台。

忆：怦然心动

三角形，内切圆，中线……

我在草稿纸上又画了一个圆，就为了做这一道题，我已经不知道用了多少草稿纸了。

这是柯老师印发的卷子上的一道奥数题，是一道几何题。往往几何是最难做的，难就难在添辅助线上，一旦线添对了，题目也就迎刃而解了。而此时的我，正在费尽心机找那根辅助线的位置。

我盯着草稿纸上的那幅图看，嘴里一遍遍地重复着题目的条件，手里拿着笔，不停地转着笔，转笔是我在思考的表现，这时候的思考是漫无目的地在图上添上高、角平分线，或者把两点连起来……

可我依然一无所获，脑袋里的种种想法最后就好像鸟儿飞过天空，不留下一点痕迹。什么有用的东西也没有发现，图上则已经是乱得没法看了。

于是，在草稿纸的另一边，三角形，内切圆，中线……

新的几何图画得十分漂亮，直线和圆的切点恰到好处，我仿佛又有了思考的动力。

我仍旧盯着那图看，嘴里一边念着题目的条件，一边用笔在图上比划着。

用面积！这灵感不知道是怎么来的。

我飞快地在草稿纸的空白处写着，心怦怦地跳，我有预感，这样能做出来。

笔飞快地运转着，一个个面积的等式整齐地排列在纸上。把它们互相一代换，一个简洁明了的解法诞生了。

心怦怦地跳，仿佛在为我喝彩。

我惊讶于这道题一根线也不用添，满足于自己灵光一现的妙解。

那一刻，我怦然心动。它仿佛告诉我，成功来自跳出固有思维的定式，成功源于创新。

那一刻，我怦然心动，我领会了创新精神带来的喜悦，感受到了成长的滋味。

话题三：兴趣，是最好的老师

关键词：

小老师

培养兴趣

意志力

抗挫折能力

围棋的奥秘

亲爱的多多，你好！

远隔 1000 多公里，听你告诉我，选修了一门课，叫“中国围棋文化”，上课的老师除了讲中国文化，还讲围棋技法，考试内容之一就是和同学对弈，这两个学分拿得好爽；你还告诉我，有一个围棋名家和你在一个学校，让我往大里猜，我当然猜不到，你说，是古力！古力也在你们学校读书，没想到一不小心成校友了；然后，大二快结束时，面临一个选择，做研究还是学应用。

之前，你曾经想过去做物理研究，因为比较有学术氛围……结果，你告诉我，最终选了应用物理，理由很多：与学长探讨过很多次，自己也设想过未来，最后让你下定决心的，是前几天的一则新闻，阿尔法狗居然那么轻易地打败了柯洁，人工智能应该蛮有意思的。

捧着电话听你述说这些的时候，我眼前闪过很多温馨的画面，我们一起走过的那些日子，我和你爸爸陪你学围棋的那些时光。与围棋相伴的点点滴滴，似乎不经意间印进了你的心里，成为你做选择时的一个因素。

而且，这让我想起一句话，“过去照亮未来”。小时候的兴趣，与长大以后的选择，仿佛产生了某种奇妙的心心相映和遥相呼应。

一年级时，爸爸带你去了南京路上的体育大厦报名，跟着常昊的启蒙老师邱百瑞老师学，那时候爸爸笃信，开端要正，启蒙的时候，需要一个有经验的好老师，邱老师的启蒙课，在当时是赫赫有名的。我还记得第一次走进体育大厦的三楼，那是个星期六的下午，教室里好几十个孩子，大多幼儿园还没毕业呢，叽叽喳喳的，后面还坐着一帮家长，跟着一起学。

我真是有点担心，一个半百的老头，怎么驾驭得了你们这些屁股坐不定的毛孩子，但渐渐发现，邱老师确实厉害，慢声细语中，不仅教围棋启蒙的知识，还会花时间讲常昊学棋的故事，绘声绘色的，你们就被吸引了……几次以后，周六下午的围棋课，成了一件我们都扳着手指期待的事情。

慢慢你能坐定了，学到了一些套路，上完课回家，迫不及待吵着要和爸爸下。于是，家里的茶几上，添了一副围棋板，外出旅游的时候，我们买回了不同质地的各种围棋黑白子。

再慢慢地，开始升级考。从十级开始，起先挺容易的，没几个月，过了九级，过了八级和七级，这似乎让一个孩子特别有成就感，好像那些黑白棋子都不在话下，而且，前面有一个常昊做榜样，你的兴趣就满满当当起来。

忽然有一天，再去考级，我们照旧等在外面，一场结束，看你从教室里跑出来的表情就知道，你输惨了。你先是哭丧着脸，接着憋不住了，号啕大哭，声嘶竭力，仿佛天塌下来了一般。我心里暗暗好笑，也许人生的第一次都是这样，不可能一点不在乎，大将风度也是需要时间的吧。我一边安慰你，一边告诉你一句话："有什么大不了的，古人说得好，胜败乃兵家常事！"

但你那时并不理解，下次去升级考，输了照样大哭，没办法，继续宽慰你："如果你一直赢，和你对下的小朋友，不是也要哭死了吗？"

但凡升级考或者去参加比赛，我们也希望你赢，有一段时间，你在里面下棋，我在外面会双手合十不断祈祷你能赢，那样的时候，爸爸会说，那有什么，这些小挫折，对你是好的。

渐渐地，从考场出来，你学会了淡定，赢还是输，你的表情不再透露了。问你，怎么不在乎了，你会反问我："不是你说的嘛，胜败乃兵家常事，有什么大不了的。"

而正是这一场场的比赛和考级，激发了你对围棋愈发浓厚的兴趣。

上完邱百瑞老师的启蒙课，我们又去了另一位邱老师那里，开始进阶的学习。邱老师是上海围棋队的主教练。

一段时间以后，爸爸已经下不过你了，没对手的时候，你学会了左手跟右手下。后来，互联网发达了，你开始在电脑上找对手下，一个人对着电脑，一坐就是一个小时，乐此不疲。

陪着你上课、对弈、升级、比赛，看你哭哭笑笑，我们也跟着心潮起伏。围绕着围棋，家里多了许多话题和幸福的时刻。

记得不忙的周六，我会和你爸爸一起送你，然后，你去五四中学上大课，我们在学校门口的“红宝石”坐下，叫一些甜点和咖啡，忙里偷闲过过二人世界；我还记得有一段时间，我在包包里总是放满校样，周一的晚上，送你到邱老师那儿，看你进了电梯，我就在附近找一家咖啡馆坐下，沉浸到校样里，《英伦童话地图》的校样就是伴着音乐在暗暗的咖啡馆里读完的，工作一点没耽误。

也有时候，你们几个在房间里跟着邱老师学，我们这些做家长的，就坐在外面和刘老师（邱老师的爱人）聊天，听刘老师说那些小孩因为学围棋变得聪明的故事，说谁谁谁进了重点学校，谁谁谁拿了一等奖，谁谁谁涨棋神速，将来会不得了的……总有家长因为越来越繁重的学业让孩子放弃了围棋，刘老师会惋惜，说，一个人是要有点兴趣有点追求的，光读书有什么用？围棋的好处不是一点点，你们将来就知道了。

你预备班那年，“三八”国际妇女节那天，你回来时给了我一封信，说是学校的主题活动，必须写，所以在信里，你写道：“希望你理解，这封信是为写而写。”

而就是这封“为写而写”的信，全部的文字都在说一件事情，“希望继续每个星期一晚上去邱老师家上围棋课”。

那一年，你12岁，学围棋六年，考到了围棋二段；那一年，你刚刚进入一所重点初中的理科班，我们都像打了一场胜仗般喜悦，我想，你心里一定很想喘口气；可初中的学习比小学紧张很多，每到周一，我心里就有些纠结，放学回家你功课根本来不及做，匆匆吃点晚饭就往邱老师家赶，还常常迟到，学完棋回家再做作业，等上床休息时常常已经过了十点。好几次和你商量，是不是我们把一周两次的围棋课改成一次，周六的大课还去，周一到邱老师家的小课就不去了吧。你总是不愿意。

想到这些，我特意在抽屉里翻出这封信，再看一遍，你在信的末尾写道：

> “可是，我 would rather 做作业做到晚点，我还是要去的，我想我若是在洛杉矶，我会开飞机去的，若在火星我会开火星车乘着火箭搭卫星去的，我总是想去的，那里有我们的许多欢笑。”

看到“欢笑”二字，我仿佛又回到了那些场景里。是呀，围棋班里，有六年来与你志同道合一路升上来的小伙伴们，一路磕碰，一路扫荡结成的友谊牢不可破呵，你们一起对弈，一起输赢，一起复盘。上课的时候，你们一样脑子飞快，一样心有灵犀，一样意气风发；休息的时候，你们又极尽调皮捣蛋之能事……手上的一颗棋子、地上的一块石头都是可以玩出花样的；这样的时刻，于你，是辛苦读书日子中的一次喘息，一些快乐和放松吧。每次看到你走出邱老师家那种满足的神情，以及回家路上我们对话中平添的俏皮，我都会想，再坚持一段时间，让这欢笑围绕的日子，长一点，再长一点。或许是因为你的那封信，或许就是藏在心里的对那些欢笑的留恋，我们一直到初三前才放弃了去邱老师家的小课。

初三前，你考出了围棋业余四段。之后整个的高中阶段，除了偶尔在电脑上杀几盘，你的时间几乎被学习占满了，而你的兴趣似乎转移了，围棋渐渐沉了下去，不大听你说起了，一直到你进了大学。

回过头看那些日子，我发现，有过兴趣，花过时间，终究还是不一样的，就像我最近看过的一部电影《冈仁波齐》，人生没有白走的路，每一步都算数。

比如，最开始学围棋时，你还很小，却可以安静专注地在棋盘前坐定，不感觉枯燥，一旦赢棋，还收获小小的成就感，不知不觉间，这样的一种专注做一件事情的习惯和能力也就慢慢养成了。

比如，围棋需要复盘和长考，锻炼了你的记忆力，也让你对布局和几何空间有了最初的认识，想来你后来对数学的兴趣，你一直蛮强的记忆力，应该都可以说是拜围棋所赐吧。甚至，它还教会了你换位思考的能力，站在对方的角度想他之后会走哪一步棋，自己应该如何应对，如此反复循环，那种变幻莫测的过程，锻炼了你的思维能力。

又比如，不断的升级和比赛中，就会不断被虐，不断提升自己对挫折的理解和承受能力。高中时你在一所学霸如林的中学被“虐”，但你能很快放平心态，坦然接受。

而更重要的是，对围棋的兴趣，那颗在你六岁时种在心里的种子，还在不断发芽开花，为你找到知己和友情，成为你面对选择时灵光一现闪烁在脑海里的那个理由，和天平那一边的一块砝码；还将成为你开启一段段快乐和幸福时光的金钥匙。

其实，不管是琴棋书画，还是围棋足球，对美好的事情感兴趣，去体验过程的不易，坚持下来，然后享受由此带给你的乐趣，是人生中最大的收获吧。

此时想起刘老师的话，觉得颇有道理。

等你下个月学期结束回来，我们一起去看看刘老师吧，谢谢她，也顺便告诉她，她说得对，围棋的好处，真的不是一点点。

至简之美

MM，见信好！

读了来信，仿佛回到了那些有围棋相伴的日子，也猛然感叹，时光确实走得太快。还发现，原来同样的围棋岁月，妈妈和我的记忆角度还是有差异的，一些细节妈妈记得并不一定真切，反而是我，也许是学棋的缘故，我觉得我还记得更清楚些。

印象很深的是，曾经耿耿于怀，学了围棋，居然没办法给别人欣赏。记得小时候每逢亲戚一起在酒店聚餐，我们这些小孩子总是大家谈论的焦点。于是在两三桌之间的小空间里，弟弟妹妹拉小提琴的拉小提琴，吹笛子的吹笛子，引得阵阵叫好声。而我只会围棋，并不曾学过什么乐器。因此这时我只能也做一名观众，在一边鼓掌，心里却是有点失落的，我好几次想，有什么办法让我在亲戚们跟前展示一下棋艺呢？并没能实现，现在想想那简直是没可能的事。学围棋虽然让我在与弟弟妹妹的比较中输了阵势，但是围棋对我的影响，今天想来，实在是难以估量，并不输给其他兴趣的。

最早学棋是在幼儿园大班的时候，体育大厦三楼邱百瑞老师那里。一间巨大敞亮的教室，一半是讲堂，一半是对弈的桌子。现在想来，觉得教室巨大，大概是人小的缘故。每次课邱老师都是先讲一会，然后便是两两对弈。一开始下棋的时候，速度奇快，总是在棋盘中央你长一个，我贴一个，你再长一个，我再贴一个……很快便成一个各占半壁江山的格局。下完数棋，赢了便春风得意，输了就号啕大哭。不光是我，好像下棋的孩子都是这样开始的。输赢各半，所以哭的时候是不少的。每每到哭的时候，爸爸妈妈就在一边半劝半骂，一边说输一盘棋没什么大不了的，又说多大点事就哭，不像男子汉，像林妹妹。其实劝是劝不住的，该哭的还是要哭。倒不知道是为什么哭，也许是小时候心里简单，下棋的时候便全世界只有下棋，一输，全世界都输没了，自然就哭。只不过渐渐地输得多了才明白，输一盘棋，多大点事嘛。下棋就像是一个不断受挫的过程，一开始受不了，后来渐渐习惯了，也就看淡了，承受能力也就变强了。所以，就像你说的，现在想来，我后来读初中高中时能在一个个强手如云的环境里生存下来，能够把心态调整好，应该是少不了围棋的一份功劳的。当然，还有一半的功劳当归于足球，高中时，被虐得没有脾气的时候，踢一场酣畅淋漓的足球，再睡一觉，就又可以满血复活了。

还是继续说围棋吧。等到自己渐渐地不再哭了，围棋才开始真正变成一件有趣的事情，有了一点喜欢的意味。我开始期待着每个周末和周一的晚上，不仅仅是下棋，还有那些一起学棋的伙伴们。我觉得下棋的孩子总是极聪明又极有趣的，大约下棋对于智商的开发还是颇有作用的。聪明的孩子不免顽皮，于是一帮熊孩子在一起就会有无数可玩的东西。完成了围棋班规定的对弈后，有时候我们会选择再下一盘，不过更多时候有其他好玩的东西吸引我们。我如今也不记得是玩什么了，但那些兴高采烈现在还能记得，反正家长们也不太管我们，要么在一起聊天，要么干脆就去了别处休息，我们一群孩子经过一段时间安静后，就在余下的时间满教室疯，有时也悄悄带上篮球在操场里狂奔打球，这一静一动的时光，开心就特别多……

不过那疯玩的时候究竟还是因为人小，沉不下心来。学棋的时间再长一些，也就慢慢能沉下了。这个过程大概是在学棋一两年后吧，毕竟一盘棋也要两百多手，每一步都认真考虑的话，少说也要半个甚至一个小时。小孩子总是坐不住的，可是每下一盘棋都是一次锻炼，慢慢也就学会了。记得有一次去考级，遇到个下棋很慢的女孩，我也只能耐心地等她，观察她下棋的路数，想后面几步她可能的路径，感觉自己胜券在握；不仅这样，在那女孩长时间思考的时候，我还顺带看到旁边那桌的棋盘，因为我知道如果我赢了，接下来一盘的对手可能就是隔壁那个赢棋的，在等待女孩的过程中，我甚至了解了下一个对手的棋法，并想好了对策……当然，这种情况很少见，我想说的是，当你学会在对方思考的时候你也思考，其实是很磨炼耐心的。很多学棋的孩子在学习上容易冒尖，我觉得除了围棋开发智商外，更重要的是学棋的孩子更容易沉下心来耐心地去做一件事。对于小孩子来说，让他明白耐心有多重要这个道理其实不太容易，要他做到耐心就更加难了，围棋的过程，还是蛮愉快地完成了对耐心的磨练呵。

学棋一直到初二。大概实在是学习太忙，竞赛的压力渐大，不得已放弃了。所以水平也就停在了四段，或者说最高到过四段，因为现在估计又退步了不少。

但无论如何，已经有四千多年历史的围棋，还是很令人着迷的。至简的规则衍生出无穷的变化，我觉得是围棋最有魅力的地方。

而且，棋艺的增长是一种很奇妙的感受。不仅仅是自己能够在计算的时候更进一步——从前能算三五步，现在能算十好几步了，更多的是一种经验上的东西，或者说直觉。高手看见一个棋形便知道有哪几个位置是好的落子点，计算只不过是去验证一下直觉有没有问题罢了。从这个角度而言，我觉得围棋也像一门语言，棋盘上不同的黑白图案表达着不同的意思，学过棋的人看得懂，水平越高，理解便越透彻。而所谓的直觉，便是对围棋有多少理解了。因此，以前我对于围棋的 AI 一直以来都是不抱希望的，围棋的复杂度比象棋高太多了，计算机根本不可能暴力强解，人是靠着理解和直觉下棋的，而这对于计算机来说太难了。当AlphaGo要和李世石下五番棋的时候，我觉得李世石是一定赢的。不过后来的事实，AI让我刮目相看了。是不是现在的人工智能不只仅仅执行指令，而是有办法做一点理解方面的事情？谷歌公司的解释是说AI有着“深度学习”的工作原理，到2017年5月，柯洁的0:3败北已是没有悬念的结果，科技如此炫耀，不仅精准复杂，还能逻辑推理，令人无话可说。

也许未来，我会愿意去探究一番。

就现在来说，学棋对我更多的是收获了一门兴趣，闲来无事时在网上找人对弈一盘，还真是学习之余一种很有趣的消遣呢。

我是小老师

亲爱的多多，你好！

最近还有朋友来问，有没有好的家教老师可以介绍，甚至想让我问你，有没有空做家教。似乎，家教已经成了一个红火的市场，许多家长看重的，就是才进入大学的，刚刚从严酷的高考扛过来的那些学生，觉得他们一是有水准，进入大学，特别是重点大学就是他们的资本；再是才经历了题海战术，他们有一手的体会和经验，肯定可以让即将高考的孩子受益匪浅。

据说一对一的家教更是奇货可居，课时费水涨船高呢。

你也告诉过我，那些高中生的妈妈简直疯了，租借在你们学校附近，就为了大学生做家教可以方便些；而你们学校的一些同学，把做家教当成了勤工俭学的首选，因为获利颇丰；甚至有人毕业了，不用再费力找工作，就直接去了学而思那样的公司，把家教当作职业和事业，年薪都很不错呢。听起来像是一个诱人的选择。

这些，让我想起了你的学生时代。

大概还是小学的时候，我们并没有为你请家教，而是反其道而行之，请你做我们的小老师。

你还记得吗？那个时候，你去芳草地学奥数，会带回家好几张考卷。按照那里老师的要求，是要家长跟着你的进度，弄懂一些难解的题目，陪你一起进步的。

我和爸爸对此都有畏难情绪，我们知道，奥数这东西，最伤脑筋了，而且会越来越难。我私下里翻过那些考卷，发现到了我这个年龄，是需要先看到答案，再倒推出做题方案的。可是，这样的做法一定好景不长，总有一天，恐怕我们就只有投降了。

我们想出了一个“偷懒”的办法，就是让你来做我们的小老师，你上课回来，要讲给我们听，如果愚笨如我们，也可以听懂，那大致说明你是弄明白了。

于是，有一段时间，周六上了思维训练的课回来，我们会坐在沙发上当你的“学生”，请你做我们的小老师，拿出上课的考卷，给我们讲课，什么鸡兔同笼、抽屉原理、牛吃草……我们和你一起沉浸在鸡的脚和兔的脚究竟哪一个多的题目中……

面对“不怎么聪明的”爸爸和妈妈，你热情高涨，想尽办法让我们听懂，然后，听我们表扬你真行，你的脸上会露出得意的笑容。

就这样，你这个小老师从一开始就知道，去上课不仅要自己弄懂，还要回来给我们讲课呢。

做小老师的习惯，后来就顺理成章地用到了学校考试前的复习上了。

小学的时候，每次期末考试前的复习，你的办法就是帮我们出考卷，语文的、数学的和英语的考卷，这个其实很花时间，但很管用。

有的时候，我会认真做你出的考卷，做完了等你批改；更多的时候，我觉得那些题目并不简单，或者在忙自己的文章。你这个小老师，出完了考卷，还要自己努力完成考卷，再帮自己批改……

为了搞明白老师出考卷的思路，你会拿出那些考卷，仔细研究考试的题型，语文的填空、造句，数学的计算题、应用题，英语的选择题等等，这个研究的过程，顺带也就将课本上的类型和重点归纳好了。常常是，你自己苦思冥想出在考卷上的一些题目，出现在了期末的考卷上，考试时你心中会窃喜，刷刷答题，成绩也就不在话下了。

这种当小老师的特别方式，在你小学的时候，屡试不爽，帮你掌握了许多学习技巧和复习方法，当你转换角色像一个老师那样出题目的时候，你学会了去寻找每一篇课文中的重点，而当你批改自己的考卷时，你又可以轻易发现自己的弱项……一半学生一半老师的状态，让你游走在学与教之间，体会自然就深刻了；一半是学习，一半在游戏，又让你的学习兴趣始终昂扬。

更有意思的是，其实，要做个出色的小老师，是比做个好学生更难的事情。

你不但要听懂，还要反向思维，将那些原理、题型倒推出来，用简洁的语言复述出来，才可以让我们听得懂。这样一来，就加深了你对数学规律和原理的理解；那些难缠的题目，也会因此揭开它们的朦胧面纱，变得清晰起来；举一反三的能力，也在你不断做小老师的过程中完成了。

你还因此获得了信心和力量，学习的递进就不是难题了。

所以，小学阶段，考试前的复习，你游刃有余，有节奏有章法，循着老师的样子出一张考卷的一二三四，你的复习也就有了层次和轻重缓急，常常，效果就是事半功倍。

看上去从出考卷到做考卷，浪费了很多时间，事实上，在不知不觉中，这反而提高了学习效率，也养成了良好的学习习惯。

工作以后，我渐渐意识到，一个人要做好一件事情，需要三个步骤：一是想清楚，二是说明白，三是做到位。

想来，做一个小老师的过程，其实也是需要这样的“三部曲”的，先要把从老师那里获得的知识想清楚了，然后才有可能在向我们传达的时候说个明白，而如果这两步做到了，这个知识也就在你的脑海中根深蒂固留下了，等你以后遇到同样问题的时候，就容易对付了。

做小老师的过程，就是不断让自己理清头绪、梳理知识的过程，当我们问一个个为什么的时候，你需要将你明白的东西用通俗的语言复述给我们听，想来这样的训练，潜移默化中，一定让你收获良多。

小老师一直做到小学毕业，上初中后功课多了，你的奥数我们反正也听不懂，加上时间也不允许，于是你的小老师也就渐渐做不成了。

而小学阶段，正是打基础的时候，如果可以把那些最基本的知识都搞得很清楚很扎实，等到后面搭建更系统更庞大的知识结构的时候，就不会慌乱了。

我想起很多次去学校给孩子们上课，一些经典的儿童文学作品，本来已熟记于心，但为了把那些内容讲得生动，我也需要不断地考虑故事的内容、气氛、语气和结构，讲得多了，于是了然于胸，那些故事就和之前不一样，它们住进了我的心里。

很多事情恐怕都是这样，有了换位思考，才能更深刻地留在心里吧。

所以，一直到今天，我还是很怀念你那个时候稚嫩的声音和做小老师的模样。还有，多多啊，我想，大概将来，你还要做我们的老师。科技那么发达，日新月异，我们的头脑快要跟不上发展的速度了，面对新的电子产品，面对一大堆软件的更新和不断跳出来的指令，我们已经感觉有些力不从心了。那么，将来，还需要你耐心地继续做好我们的小老师。好吗？

忆：认识钟

多多5岁那年，我开始教他做好自己该做的事情，但他经常不得要领，而且，还喜欢拖拉，或者心不在焉，往往这件事情没有做好，又想着去做那件事情。

认真做完一件事情，是一种好习惯。

我怕他养成拖拉的习惯，就决定给他一个时间的概念。

最初的时候，是指着钟问他："现在长针在2，你说，长针到几你可以把手上的事情做完？"

他看一眼钟，像是在计算，然后说："到6。"

"好，给你20分钟。"我同意了。

有了长针不断向前走的提醒，他做事情的速度确实能加快，而且相当专心。

时间长了，就换一种方式，对他说："现在是5点10分，5点30分前要把饭吃好。"

多多似乎很好奇，明明长针在2，你怎么说是10分呢？

我知道，到了教儿子认钟的时候了。

于是，晚上睡觉的时候，我不经意地教他背5的乘法口诀。

两天工夫，他就把5的乘法背得很熟了。

然后看着钟告诉他，一五得五，二五一十，长针在2，当然就是10分了。

这样一来，多多对时钟上的数字，有了更清晰的认识，自己也可以计算出现在是几点了。

能背口诀，还能知道现在是几点，这让多多很兴奋，以后，和他说时间的时候，不用说长针在几了，可以像和大人一样，说：“现在是30分，50分前你要把事情做好了。”

而他就会一本正经地背着口诀研究，然后若有所思地点头，还很得意自己比别的小朋友早一点认识钟了。

平时经常这样“教诲”，一段时间以后，关于5的乘法口诀，他已经能熟练运用了，也不用每次都从“一五得五”开始了。

我觉得时机成熟，就去新华书店买来了一张乘法口诀表，挂在他房间的墙上，多多很高兴，因为他居然能背出口诀中关于5的那一条。

有了5做基础，再教其他几个数的口诀，就方便多了。

果然，不出一个星期，多多把乘法口诀就全背出来了。

呵呵，一点也不费劲。

忆："六一"儿童节的舞

多多所在的那家幼儿园，在上海是数一数二的，所以经常有外国人去参观。或许这是一个很主要的原因，他们每年"六一"，都要排演一场精彩的节目来迎接远方的客人。

这排练的事情，往往过了年就开始了。

因为是以班级为单位，所以，演得好不好，有时还代表着每一个老师的水平。想来在他们那家幼儿园做一个称职的老师，也是很辛苦的事情。

每次到了星期五回家的时候，老师会特别强调，双休日千万别让孩子累着，生了病就不能排练了，而一台节目是有整体性的，缺了谁也不行。

我这才知道，老师们确实不容易，因为全班每个同学都要上台，这就增加了排演的难度。我问儿子："你在当中演什么角色？"

"小不点！"儿子似乎对此没什么感觉。

"难不难？"

"很简单的，我们要等女孩子跳到一半了才上场，老师说我节奏不错。"

我后来才从老师那里知道，儿子是因为长得矮，所以演了个跑龙套的"小不点"，戏份不多，确实很简单。

知道“小不点”的缘由，我有一丝失落。

每个母亲，对自己的孩子，都会有一种本能的自豪，想到在老师眼中，他有时并不那么优秀，就会替他感到失落。

不过，儿子有一次回来不经意的谈话却让我释然。

儿子说：“这个星期最开心！李老师带我们小不点去拍皮球，游泳，别的小朋友都在排节目！”

我马上意识到，其实很多事情都有两面性。或许“六一”那天，在舞台上我会感到一点失落，但如果快乐要建立在孩子们整整几个月的辛勤排练上，那我情愿儿子多一点玩的时间。其实，于孩子来说，天性喜欢简单快乐，他们本来就对那些表演没那么多兴趣，更多在意此事的是老师和台下的家长、客人，而对孩子来说，却不见得是美差呢！

这样一想，我开始在心里暗暗为儿子高兴，觉得，也许不做主角，对他的身心来说，倒可能是一件好事！

我不再在儿子面前刻意提及排演的事情，而且对他能多出时间来玩也表示出我的高兴。我想，真的，他做一个孩子的时间不会太长，能够这样疯玩的时间也不会很长，我应该和他一起珍惜啊！

“六一”那天，我仍旧有点失落，因为整个节目中，儿子的出现只有几分钟，但马上转念想到他因此多出许多玩的时间，想到他还没有因此而背上什么包袱，我又开始庆幸。

世界上的事，也许多半如此，看你从哪一方面去想了！

话题四：学习与成绩，打有准备之仗

主题词：

自己的事情

自信

关键的几步

学习，首先是你自己的事情

亲爱的多多，你好！

明天一早，你要去北京开始大三的学习生活，我恰好也要出差。两个大箱子立在客厅，夜已经深了，但我们似乎都没有睡意。

“大三挺关键的，要修学分，要转专业，还要玩你的足球，你得学会‘弹钢琴’。”我说，“下个学期课多吗？课程表发一个给我？”

“课表在电脑里，但手提电脑已经整理进包了，你想看？要不我们开你的电脑去看一下？”你提议。

我看看时间，还好，才过十点。

“好呀，好呀。”

我们像两个夜游神一般跑到书房，开了我的电脑，进了你学校的网页。你告诉我，下学期选了统计，选了自动化，还选了编程，这些，都是为转专业做的准备。然后，我们转到你的学分和成绩那一页，你给我看你前面两年修的课程和学分，我惊讶地发现，主干课中，那些偏数学的课程，你的成绩都很不错，而你的主业物理课程的成绩倒并不突出。

“难道你的数学比物理好？”我问，“是不是因为基础打得好？”

“才不是呢，”你不屑，“那是因为我花的时间更多。担心数学搞不懂，我在课后花了更多的时间自学整理好笔记，成绩和花的工夫成正比好吧！”你说。

“原来如此。”我点头，这就对了。

大三开学前，你们有一个在理论物理和应用物理间做选择的机会。

我和你爸爸并不知道其中奥妙，两个文科毕业的人，对此没有发言权，所以从一开始就打算尊重你的考虑和选择，默默地等待你自己做出决定。

直到大二快结束的时候，你终于在电话里告诉了我们你的想法，还有背后的思考，你说你决定选应用物理，因为你发现自己对钻实验室兴趣不浓，反而是应用物理让你觉得比较好玩，你最终决定选择计算机的人工智能方向。

去年以来，我们曾经聊过这个话题，我知道，最初让你关注到人工智能，应该与 AI 打败柯洁有关，而你的选择，当然还有其他因素的考虑。

从寒假时，你在家摆弄计算机程序的教科书，为你喜欢的足球战报做一个小程序；到这个暑假，你每天晚上躲在房间里读MIT（麻省理工学院）的一个慕课课程；我发现你都在为自己的选择做准备，而且，你在顾及兴趣时，还综合考虑了前景和趋势，最终选择好了未来研究和职业的方向。

我们真的很高兴，同时，还有对你的信任和放心。亲爱的多多，祝福你，虽然未来几年，你的辛苦可以想见，但自己选择的路，辛苦也是心甘情愿的吧。

忽然很感慨，从小到大，对于学习首先是你自己的事情，我们可没少说。而你也就自然而然地懂得了，自己的事情要自己做出选择。

选择，可能是我们这一生中始终伴随左右的功课，你当初上小学的时候，我们也面临这个问题。

经常会听到关于学区房的故事，听说现在家长的焦虑，已经蔓延到“赢在起跑线上”，要从幼儿园开始。

还记得吗？妹妹考进上海一所以外语著称的民办重点小学时，你上三年级，在一所户籍对口的小学读书。大概因为大家都说妹妹厉害，这触动了你的神经，你悄悄问我：“为什么当初不让我去考一考？我也可以考进去的。”

“你的学校挺好呀，你不是读得很愉快吗？”我轻描淡写说。

你读小学时，适龄的学生还不算太多，你们实行的是小班化教学，一个班不到三十人，很宽松的环境，老师可以兼顾到每个孩子。而且，那个时候，家长对于排名和升学的压力还没有现在这么大，进入名牌学校的焦虑也不严重，甚至像奥数这样的“必学技能”也并不普及，所以，就近入学，成了我们的选择。

我至今觉得这个选择有许多优势。

最大的优势当然是时间，学校在家门口，走五分钟就可以回家，孩子省力，做父母的也省心；我还有个理论，觉得千万不能让孩子从一开始就丧失了对学习的兴趣和好奇心，简而言之，就是不能让孩子厌学。

所以，不要给小孩太大的压力，何况你又是男孩，心智发育可能会慢些呢。

我的理解，童年在学习之外，还有许多体验需要尝试，于是时间就显得非常宝贵。很多对于你来说的第一次，那些快乐的发现和体验，兴趣和探索，都需要你自己去体会，去获得，否则，一辈子都不会有发自内心的幸福感。

于是，在家门口的那所小学里，你读得轻松，游刃有余，成绩也不错。虽然你经常上课插嘴，调皮捣蛋的事情做了不少，但老师们总还是喜欢成绩好的学生，所以，你在班级里获得了许多机会，这也让你自信满满的。记得你说过，因为数学成绩出色，经常 100 分，每次考试前，许多同学会来与你握手，吸一点你身上的“仙气”。被别人信任，一定激发了你学习的热情，整个小学，我们没为你的成绩操过心。

当然，有一点我是从小学一年级就开始注意的，就是培养你良好的学习习惯，告诉你，学习，首先是你自己的事情。

回家先做作业，哪怕默写这样的功课，我也要求你自己解决。关于作业本签字，我只负责你做没做，不负责你做得对还是错。我是不检查的，这是你的事情，你做好了，我就签字；做错了，你得自己承担。

自己的书包自己整理，明天上什么课，就对着课表整理相关的书本，你要对自己负责。

这些一旦变成了规矩，我们彼此都会认真地对待。学习，就像日常生活中如吃饭、睡觉一样的事情，不夸张，也不紧张。

当然，如果作业完成了，剩下的时间就是你自己的，你可以玩。游戏也好，看书也罢，甚至拿出小汽车、翻出地图拼板幼稚一下，我们统统允许认可。

不一惊一乍的，我觉得反而好。

学习是一辈子的事情，不能剑拔弩张的，让你还没开始，就已经厌倦了。

学习之余，你学围棋，研究地图，养小动物，做做奥数题，打打游戏，暑假和寒假，我们一起去看世界，什么都没有耽误。

小学时候养成的习惯，真的可以受用一辈子。之后进入初中，高中，学习的难度在增加，学习的时间拉长了，但因为你心里清楚，学习是你自己的事情，所以，一切都理所当然，你没有抱怨过什么。

当你在学习中遇到难题的时候，也一定要自己解决。这样，以后遇到同样的问题时，你才会有经验，知道如何面对。

记得你刚进入高中的那段时间，欢喜的同时，也承受着很大的压力。

高一刚入学，老师还要在优中选优，分出数学小班，你自然没份。那个周日，快要回学校时，你从班网上看到，你的名字进了数学中班，你高兴地叫起来："妈妈，有希望，我进中班了。"那是九月，开学才两周，听说还有一个中班进阶，我们也为你高兴。

没想到，事情并非如此，周日送你去学校，我们都兴高采烈的。周一下午就接到你的电话，你说："妈妈，老师搞错了，是另外一个姓许的同学进了中班，不是我。"

如果一开始没进也就算了，这个乌龙其实蛮打击人的，我对着手机，不知道怎么安慰你。于是，放下电话想到了你们学校招生办的胡老师，当初就是他一直与我们家长保持联系，他几乎熟悉你们每个同学，我给他打电话，希望他可以与你聊聊，安慰安慰你。

谢谢胡老师，他真是位好老师。他当天就找了你，告诉你来日方长，只要努力，以后会有机会的，及时给了你心理上的疏导。写到这里，想到胡老师积劳成疾，英年早逝，不禁感到非常难过。天堂里的他，看到你们都进了心仪的大学，应该会高兴的吧。

你自己也在不断调整自我，数学进不了小班，就去读物理小班，你为自己找到一个新的方向，又开始了漫漫征途。

后来，英语的测验又开始遇到难题，初中那些英语单词不够用，成绩也下去了。你同样没有气馁，开始了每天晚上背英语单词的功课，慢慢地赶了上去。

在这个过程中，学会选择，学会自主学习，懂得掌握主动权，真的是太重要了。

走好关键的几步

亲爱的多多，你好！

上一封信，在说选择，话匣子打开了，想说的还有很多。

其实，在你求学的漫长过程中，总有几步关键的路，虽然心跳不断，但我们都是做好准备迎接挑战的，现在回想起来，那一步步都走得蛮踏实的。

也许，人生关键的时刻，在不同的阶段，会有不同的含义，也会受到当时的自然条件和社会因素的限制，有它自身发展的规律，但如何抓住并做好准备呢？其中的学问不小。

我以为，高考、中考、小升初，应该是很关键的几步。

先说高考。

高二结束那年的8月5日，我正在外出差，傍晚时分，接到你爸爸的电话，告诉我："正在楼下等多多，他上去参加特招面试了。"

“什么情况？”我出差之前，你的日常状态就是物理培训班加物理竞赛的全面复习，没有任何特招的信息呀！

然后，我弄清楚了，一个看似偶然的机会，你参加了一所理想大学的笔试，后来进入了面试，也许，马上就会有一个结果。

远在深圳，我开始不淡定，不时拿出手机，期待电话再次响起，同时，心中暗暗庆幸，你一直没有放松。

那年暑假开始时，正好舅舅一家要去台湾玩，爸爸要公干去英国，我于是问你，是不是我们也去台湾一周，攻略有人做好了，跟着去省心，何况爸爸不在的那八天，我还可以省去烧饭做菜的麻烦。

你坚决说不：“不去，不去。我还要搞物理竞赛呢。”

确实，那个暑假，被老师看作是高考前的黄金时间，学校因此布置了无数作业，而你对自己进行了评估：哪怕做再多，高考分数的上升空间还是有限的，如果要进入理想学校，只有华山一条道，就是竞赛拿个全国奖。

“如果去了台湾，玩不好不说，也许将来还会怪自己的。”一个晚上，我们聊天时你这样说。

“有道理。就当妈妈没说过。”

然后，你为自己制定好每天的复习计划，开始备战竞赛。一个月后，迎来了这次特招。

等待面试结果的那几个小时里，我无数次想到你说的那句话：

“不去，不去。”是呀，看似突击考试，但对你们来说，事先有没有做好准备，是完全不一样的状态。

想起《成长的烦恼》里，那个看上去没有麦克聪明的波纳，高中毕业时选择加入美国陆战队，在未来挑选他之前抓住了未来。

忽然有些后怕，如果去了台湾，会不会就与这一次招生失之交臂？应该不会，我们都回来了，但准备得肯定没有现在充分。

一直等到晚上七点多，收到爸爸的电话：“签约了，理想学校。”

开始梦想那个美丽的校园，荷塘月色下，会不会有你的流连；长长的学堂路上，安静的图书馆里，会不会有你的身影。去一所好大学，就是与一帮优秀的人彼此浸润，思想交锋，你追我赶，收获的是一生受用的向上姿态；那里，不仅有好的环境，还有特别的气质和氛围吧，那种信心和自律，方法和态度……

晚上，在深圳的宾馆里，我兴奋得一夜未睡，好几次翻看微信，想找找和我一样醒着的夜猫子，结果发现爸爸同样没有睡意，我们在深夜一起回忆你长长的求学路，感慨万千……

整个小学，你学得轻松，自信满满。老师给了你许多机会去校外参加比赛，数学的、计算机的、英语的，你还参加了作文比赛，课余围棋的学习和比赛……简历拿出来，你就是那个全面发展、学有余力的好孩子。你一直担任着班级小干部，我的理解，为小朋友做点事，会让你学会换位思考，懂得如何与老师交流与沟通。

那时候，教数学的蔡老师推荐你去周末的一个培训班读奥数。

在那儿，阅人无数的退休校长陈老师，很认真地告诉我和你爸爸，你是个对数字敏感的孩子，有学习奥数的潜质，不好好培养，就可惜了。不知道是不是这些话起了作用，你开始在比赛中拿些小奖，让我们看到了“希望”。

今天想来，当时我们对奥数的理解，非常肤浅。以为比别人先学一点，能做出别人不会的题目，就是奥数了。一直到你进入高中，我们才了解到，奥数训练的是一种思维的方法，一种解题思路，一种首先需要天赋，然后加上后天的勤奋习得的综合能力。

好在，自从你学奥数之后，我们始终有自知之明。记得你上初中后，特别是进入理科班，在课后去训练奥数的日子里，我偶尔跟你说：“不行我们就撤退，爸爸妈妈都是文科脑袋，你大概先天条件并不优秀。”当然，有的时候，我也会半开玩笑半得意地告诉你，也许，你遗传了妈妈的数学天赋，想当初我升到高三，进了文科班，数学成绩还可以考到年级的前列，大脑应该是够用的。

现在想来，先天的天赋应该是不可或缺的，但后天的开发也很重要。很多孩子，身体里潜藏着无限可能，需要父母和老师去发现。

你恰好被陈老师发现了数学的潜能，我们又很认真地做了你的“学生”……于是，一半天赋，一半勤勉，终于把你推进了一所公办重点中学的理科班，上了一个台阶。

小学你经常拿第一第二，但初中这个班级牛人可是不少。功课之余，你还要参加数学训练课，似乎比小学忙多了，你适应得挺快，前面有可以追赶的同学，倒是给了你目标和动力。奥数的学习，也渐渐步入了正轨，一帮有趣、聪明的孩子在一起，我发现，你多余的精力有了发泄的地方，每天都充满干劲。

那时候，你很听话，教数学的戚老师说，如果每天可以做几页数学思维训练书上的题目，效果肯定很好，你听进去了，坚持每天做，从不松懈。这一点，我觉得可能也是秉性使然，你像爸爸，他做一件事情，会坚持好多年，而我却是“喜新厌旧”的人。

这样的坚持，在你学习之初，效果非常明显。预备班那年参加的几场竞赛，你的成绩挺突出的。我们那时候，采取奖励的办法，一等奖 300 元，二等奖 200 元，三等奖 100 元。平时就不给你零花钱了。

记得预备班快结束的时候，有一天回来，你笑嘻嘻地说：“妈妈，不好意思，你们要破费了。”

“难道你得了一等奖？”

那天考完“华杯赛”出来，你一脸轻松，看你那副神气的样子，我就知道是好消息。你点头，嘴角溢出藏不住的笑容：“而且，是全年级唯一的一等奖。”

很有意思，因为获奖，预备班结束那个学期的家长会上，戚老师请你和另一位成绩排第一的女同学留下来，跟家长们做一下分享，我坐在你的位子上，心情激动。

你站在家长们面前，语速极快，眼睛不知道看哪里好，临到结束，忽然一个大喘气，然后说了最后一句："感谢老师们的辛苦！"这句话是我要你加的，前一天晚上，看你坐在小床上背分享的稿子，我说，获奖当然是你勤奋努力的结果，但还有老师们的辛苦，你在最后，应该要谢谢老师的。

你不屑，觉得我多事，但还是采纳了我的建议。开了无数次家长会，这一次，我特别开心，还用文字记下了呢。

可能是这些奖给了你足够的信心，初中四年[①]，学习上的难题并不多。但关于中考想进哪一所重点高中，你倒是一直没有很明确的目标，你的同桌说要进最牛的那所学校，你那时还说，据说那里功课暴多，我才不要去呢。

而你的成绩开始上升，整个初二，你进入了年级前十的行列，给了我们幻想。当然，我们明白，想走进上海最牛的高中，成绩之外，还需要竞赛。

那一年，你们年级的奥数种子选手移民去了国外，你就这样稀里糊涂地被老师看重。你自己说过，在那帮聪明孩子中，你并不突出。但被老师重视，给了你一种动力。

你开始自觉自愿刷难题，当柯老师说"做不出可以不做"时，你偏要做出来，那种琢磨的样子，我至今记忆犹新。

---

①上海实行"5+4"义务教育学制，小学5年，初中4年。六年级放入初中，即预备初一。

你在书桌前不停地转笔，苦苦思索，我在你旁边的电脑前码字，经常停下来看着你，心疼不已。初三，功课本来就多，你这个快手，也要做到将近 9 点，然后，还有一大张奥数卷子等着你。所以，当有些家长对将学奥数当作敲门砖不屑一顾的时候，我想告诉他们，其实，你们的付出对得起获得。

初三的最后一学期，我开始不淡定，发现要进入一个好的学校，需要做很多功课。

要知道许多名词和概念，熟悉一整套的程序，什么推优、自荐；要了解各个牛校自主招生的方法和时间，不能顾此失彼；要做好简历按照学校网站规定的要求按时投送；甚至需要事先做好功课了解各个学校与孩子的合适度，安排好孩子的强项……总之，那些功课，一个孩子是无法应对自如的，需要做父母的全身心投入。

那段时间，我放下了写作，每天在育儿网上翻找之前几年妈妈们留下的心得，一样样搞清楚，理顺当，再传授给你听。

文科的优势在这个时候显露无疑。

现在想来，这一步步走得挺顺利的。

这是我们共同努力成就的。

解开家长的学习焦虑症

亲爱的多多，你好！

前面两封信，写到你学习上的一些事情，不知不觉就写长了，也是，长长的学校生涯，岂是一两封信就可以写完的？

我记得，你中考结束的那个九月，有感于我曾经通过网络获取的那些“别人的经验”，我在上面也贴出来一篇“中考攻略”，花了些时间写了你的升学之路，把我的感受和理解一五一十地传授出来。

写完没多久，那篇帖子就火了，“楼”造得很高，大家都觉得意犹未尽，希望我多传授些“秘诀”。后来工作忙了，加上你也进入了高中学习，这一章算是翻过去了，我也就没再多关心。

过了大概两年，一次偶然的机会去那家网站，发现那个帖子还有很多人在翻阅，留言的墙砌得更高了，浏览的人数甚至超过了 20 万，很多妈妈看了帖子留言说，要是早一点看到就好了。

我渐渐意识到，原来家长的焦虑和无助是那么真实地存在，而且会传染；还有，做家长，和你们做孩子一样，都是第一次，我们也需要学习和摸索。

那么，敞开心扉，传递好的经验和不好的教训，大概也是学习的一部分吧。

还记得你中考那年，我经常泡在一个育儿网站上，关注任何与升学和考试有关的消息，渐渐发现，看得越多，就会越焦虑，你总是在那里看到许多优秀的“别人家的孩子”，感受到无形的枷锁和压力，你会担心遗漏了很多重要的补课，害怕孩子因此落后了。这几天，为了写这封信，我又去了那家网站，依然有很多家长在讨论区聚集，看着他们，我忽然觉得有话要说。

要知道，在我们的社会环境下，对大部分家庭来说，孩子升学都不是孩子一个人的事情。有时候想想，身为孩子，在充斥着焦虑的氛围中长大，以后可能也就成了一个焦虑的大人，我们做家长的，还是有很多事情可以帮到孩子的。

你初三的那段日子，我印象深刻。

那一年，当我意识到你即将步入高中，要冲刺竞赛，参加中考，需要认真对待时，已经是开学快两个月的十月底了。

十月底开了次家长会，会上的气氛和老师的谆谆教导，给我上了一个紧箍咒。我猛地醒来，发现自主招生、提前录取、中考，都是近在眼前的事情了。

此时，对你和我们来说，应该算是人生中的一个关键时刻。

那会，一个叫“新知杯”的竞赛还是很管用的，据说杯赛的一等奖获得者，是可以直接升入重点学校的。所以，从学校到家庭，大家都将目光放在杯赛上。我知道，那一段时间，你嘴上不说，但心里的压力一定不小的。老师寄厚望于你，我们也希望通过这个比赛，可以为你之后的自主招生增加成功的砝码。

每天晚上，我陪在一旁，写作已经没可能了，我能做的，就是刷屏，关注去年此时，同样面临中考和竞赛的那些家长都在吐槽什么，有什么可以借鉴的。那些帖子，早些时候我是不看的，怕把自己看焦虑了；就像那个时候送你去业余数学学校读书，门口永远围着一群家长，热烈讨论着，我也是不凑热闹的，怕知道了别人家的孩子在学什么，或者得了什么荣誉，自己会焦虑，所以我现在经常和家长们说，千万别去听和传播“别人家的孩子”，每个家长都会有意无意夸大自己孩子的成绩，说者无意，听的人会万分焦虑，这些焦虑带给孩子的，就是一道无形的绳索。

但到了关键时刻，我也不敢松懈，那些整天围着孩子转的家长，当然也有他们的可爱之处，所谓可怜天下父母心，他们弄明白了许多也许我需要花更多精力才弄得明白的事情，那些帖子在当时，对我非常有帮助。

比如每个牛校的特点，对孩子成绩和特长的要求，推优和自荐的区别，等等。我算是个勤奋好学的妈妈，一旦想弄明白一件事情，会翻无数帖子，还会去请教过来人和学校的老师，总之，寻根问底，将事情的来龙去脉，非搞清楚不可。这样，关于如何进入一个合适的学校，在你奋笔疾书做作业和试卷的那些夜晚，我也就很快整理妥当了。

那段时间，我买了各种牌子的咖啡为你提神，每天晚上吃好饭，你坐下来做功课的时候，我就张罗着给你泡咖啡，等你把卷子做完，通常已经过了11点，我已经累得不行了，哈欠连天；冬天，我会倒洗脚水，陪你洗脚，我们可以稍微说几句题外话，听你说说有趣的事情，或者我就把刚刚看到的帖子“批发”给你听，虽然轻描淡写的，但总还要叮嘱几句，这个比赛很重要，我们要熬过去，诸如此类的。

后来你写过一篇作文《妈妈的眼睛》，就是写我和你的那些日子。你还记得吗？包括那篇《怦然心动》的作文，也是你每天晚上钻研数学难题的真实写照，居然在中考时套进了作文题，那年中考，你的语文考了135分，这篇恰到好处的作文应该是有功劳的。

杯赛举行的那天是个周六，我们一起去了考场，虽然一直跟你说放轻松，其实，心里都知道，怎么可能？少说一些才好。你从考场出来，就知道做错了一题，一等奖肯定无缘了，当然，拿个二等奖，你觉得应该问题不大。

二等奖，当时可以拿到几个牛校自主考的敲门砖。OK，完成任务。我们一起吃了顿大餐庆祝你过了一关，然后，就不再提那个曾经折磨我们的竞赛了。

后面还有很长的路，我们需要一一做好准备。

那个学期的期末考，你的成绩有些下滑，我理解，为了竞赛，你是有些疏忽了考试的，好在总体上还没影响，所以，考完试，你照例昏天黑地打了两天游戏。然后，正好有个区重点学校搞的杯赛，你们一帮同学都簇拥着去玩，笔试、面试，好像不费什么力气，你居然拿了个一等奖回来，还有当时很酷的 MP5 播放器做奖品。这样一来，就让你的自我感觉迅速膨胀了。

放假前，我从网上看到一个牛校开始自主招生，赶紧通过网络为你报名，据说，并不是报名的都有资格，幸运的是我们很快收到了回信。这个又让你有些得意，几乎没任何准备，你去那所学校参加了笔试。

之后，我在网上看到家长说，如果每门笔试成绩可以在 B 以上，就有机会进入面试。数学、理化，我觉得应该问题不大，语文，大概勉强，可是英语，我就没把握了。

果然，那天回来，你告诉我们，题目好难，特别是英语："这么和你们说吧，ABCD 四个选择，一个单词也不认识，只好瞎蒙。"

牛校的笔试，当然考的是课外知识，关于你英语的水平，其实是在我们意料之中的。初二时，我就问过你，要不要去外面补习英语。课堂上的英语你应付得不错，成绩也还行，不过回家只看到你做数学物理，从没看到你读英语，我是有过担心的。英语这东西，不是你背一天单词可以突击的。可是，你坚决反对，哪怕家门口就有一家新东方，你的理由是，已经在外面读数学、物理了，我还要有点时间玩呢，不干！不干！

在学校里，班主任郭老师正好教英语，课外有个科技英语的兴趣班，她征求你们几个参加数学竞赛的同学的意见，希望你们去旁听。郭老师的意思是，你们只要保证课上认真听，多少可以有些语感和单词量，好几个同学都接纳了老师的建议，你还是拒绝，不去！

于是，虽然中考的英语你考了 145 分，但你的英语水平，其实就是那些课本内的单词。第一次参加牛校的测试，那张英语试卷，顿时给了你一个下马威。

那个数学竞赛的二等奖，只是入场的资格，对于牛校来说，他们更相信的是自己学校的测试。果然，你的英语成绩没有过线……那次测试，让我们都有些警醒，想要考进一个牛校，还是需要做些准备的。于是，临时抱佛脚，你找出英语四级的书，用每天早上的时间，开始背一点算一点。

春节过后，另外几所牛校的自主招生也就掐着时间开始了。

报名的事情，做简历的事情，送材料等等，做父母的当仁不让，这些不能再耗费你的精力；为了提高胜算，我专门去打听了一所牛校的测试过程，朋友的孩子去年去过，告诉我他们是花半天的时间，全方位考试，朋友的建议是速度——如果可以全部做完，就有希望。

这个技巧，是在说，不要在一道题目上纠缠，如果有难度，跳过去,保证后面会的题先做。我赶紧传授给你,希望你能够领会。

那个冬日的早晨我记忆犹新，我们在大礼堂听校长和学生会的同学介绍这个学校的历史，骄傲地诉说学校的设施、课程和通才教育，而礼堂的对面，你们正在紧张地考试。

中午在食堂门口遇到你，你说:“我都做完了。”仅这句话，就让我心里有了安慰。

后来听家长在一边说，这个学校比较重视理科，所以考试的顺序是，数学一大张考卷，理化一大张考卷，语文其后，英语最后考。

我的心里又有些安慰，感觉这个安排对你有利。你的强项在数学和理化，等所有人都考得筋疲力尽时，你英语方面的劣势，可能差距就缩小了。

世界上的事情，往往是这样:你的努力和付出，总会在某个地方获得回馈。比如这一次看似对你有利的测试，背后也是存在一定的逻辑和你的付出的。

在学校里，你大概是少数几个除了数学，还搞物理和化学竞赛的孩子,这个曾经也让我颇多纠结。记得我问过你,快要中考了,“新知杯”数学竞赛也结束了，是不是就此放弃化学或物理竞赛，毕竟时间太有限了。你没答应，说物理老师和化学老师平时对你都挺好的，上课也蛮有趣的，坚持一下吧，反正还有一两个月，应该不会太影响中考。

那个牛校的测试，理化部分，一定有竞赛的题目。除了英语，你是个数学不错、理化也还好、多方面可以平衡的孩子，总分估计会比只搞一门竞赛的孩子高一些。

结果很快出来了，理科班。

理科班的孩子不会超过四十人，而那天参加测试的孩子，据说不少于四百人。也就是说，那个星期六上午，你全部做完了题目，胜算率还是挺高的。

你是个适合在考场发挥的孩子，临门一脚，看似轻松，实则付出了很多。你完成了升入高中的任务，进入了牛校的理科班。

这一步实在太重要了。

好的学校，不仅是老师好，还可以与一帮聪明优秀的同学一起成长，感染他们的机灵，吸收他们的营养，比肩前进。这个，是你高中三年最大的财富，或许也是一辈子的财富。

等你进了高中，我发现了这所高中最牛的地方：通识教育。

你不一定必须成绩拔尖，只要有出色的地方，就有机会。于是，同学们的各种专长都有了用武之地，学校以一个智者的宽容，统统鼓励。

比如，学生会的活动，可以培养能力超强的组织者和辩论队的选手；体育、音乐的特长生，有机会参加全国的比赛；有的同学热心公益，一样会获得肯定……

学习也是抓得非常紧的，那些超难的英语卷子，还有著名的数学“周爽”（指每周四的数学考试），给了你当头一棒，曾经轻松的初中日子，一去不复返了。你同寝室的大牛，英语好得一塌糊涂，据说从小看原版美剧《老友记》，但人家同时对足球爱得不行，这点燃了你的足球热情；也有传说中，听完课根本不用复习，睡一觉就可以考试的大神，以及数学拿了大赛第一还谦虚地表示自己不怎么样的跳级生；与这些同学在一起的最大好处就是耳闻目染，近朱者赤，你怎么也不好意思太差，我以为，一个好的学校，很大程度就是这些优秀的学生不断喷出的火花、创造的奇迹造就的。

记得有一次开家长会，你们的数学老师说，这些孩子厉害啊，不用动脑筋解题，只要出题，在黑板上写下题目，自有同学帮你解出答案，还不止一种解法！

后来的事情不说了。

亲爱的多多，这一路走来，我慢慢发现，其中有一些道理是亘古不变的。

一个叫做，坚持是最大的胜利。有一种说法，任何事情做过一万个小时，你就是专家。说的是投入和持之以恒，我觉得非常有道理。而这一点也是特别难的。好在我们为你养成了很好的习惯。记得你从高二开始，每天晚上雷打不动背单词半小时，一天两天肯定见不出效果，但时间长了，结果就会在未来的某一天等着你了。

还有一个叫做，上帝为你关上了一扇门，必定会为你打开一扇窗。我记得，你很小的时候，我就告诉过你，没有过不去的困难，你今天看着很大的事情，也许明天就不怎么在意了。就像你曾经总结过的，小时候，觉得围棋就是全世界，输了会哭，长大一点知道，那真的没什么大不了的。

一直到妈妈这个年纪了，要真正领会，特别事到临头，如何去找到那扇窗子，还真不容易。

这时候，请你一定记着，无论如何，家是你最温暖的港湾。累了，输了，都没关系，回家，我们永远是相亲相爱的一家人。

忆：学校开放日

早上去参加多多学校的开放日活动，听了两节课。一节是语文课，一节是英语课，总体感觉非常好，老师讲课很生动，课堂的气氛很好，时常有笑声，学生们都跟着老师的思路前行。

不紧不慢，不枯燥，也就有收获。

教语文的张老师知识很丰富，善于联想和发散，又会引导和启发，我坐在后面，觉得这堂课收获多多；很多学生整堂课一直在举手，也有学生只是专心听讲；老师的循循善诱非常到位，学生们的知识也跟得上老师的节奏……

英语课用英语教学，孩子们很放松，当老师问如果要挑选一样礼物送给好朋友，让学生帮她出主意时，有同学俏皮地说，送她一堆作业吧……大家笑了。

后来老师要大家用“我想买什么，去什么商店”造句时，有同学说“我想买马桶，去红星美凯龙”，又一阵笑……

看得出，正是由于老师与学生关系融洽，才会不时有这样的俏皮话在课堂里迸发。

很喜欢这样的气氛，课堂氛围和孩子们的思绪相互配合，融会贯通，学到的东西才会扎实。

接下来是座谈会，感觉家长们都在矛盾中，纠结中，什么都想给孩子，什么都会担心。

成绩、身体、快乐的生活等等，这个年龄，真的是需要身心健康，需要拼搏，又希望他们始终有快乐。

我一边听，一边概括起来，发现有几条是大家共同关心的话题：

1. 读书与生活的矛盾。希望他们可以学会生活，自己面对生活中的难题，也希望他们寻找到学习的乐趣，快乐一点，但经常会担心他们成绩的下降。

2. 游戏与玩的矛盾。感觉现在的孩子都不会玩了，说到玩，好像只知道一种玩法：游戏。春游的时候，跑到公园里，找一个空地坐下，居然还是大家一起打联机的游戏；呜呼，我们小时候喜欢过的那些集体游戏，恐怕他们根本不屑吧。

3. 快乐与中考的矛盾。这个不用解释。

4. 青春期健康问题。生理和心理的成长，男生、女生不同步，敏感期也不一样，做家长的，应该怎么做呢？

5. 代沟问题。好像原来十年的代沟，现在三年五年就会有代沟，我们做家长的，怎么才能跟上他们的步伐呢？

……

一直在想，其实，我们有的时候是不是太重视孩子了，反而给他们许多莫名的压力？

我们关心他们的吃和穿，他们的学习和生活，关心他们怎么玩，交了什么朋友，关心这个那个，关心到他们直想逃……

我们都曾经年轻过，那个时候没有这么多关注的目光，我们不是也都活得好好的？那么，放松一些，给他们信任和自由，也许是最好的办法。

开放日，看到老师和他们的那种交流，想到家长们的那些纠结，写下这些给自己，虽然很难，还是希望尽量去做个开放平等、可以放手些的妈妈吧。

忆：成长的故事

“成长的故事”，是多多初一语文期末考试的作文题目。

拿来做标题，正合适。

这几个月，和多多相伴的时间少了——出差归来，晚上常常还有应酬，以前每天休息前和他聊天的时间也稀罕起来。

距离远了，发现他猛然就长大了。

出差在外时，给先生短信，询问他和多多可好。

先生回我，数学A班，老师表扬说，这小家伙最近比先前用心得多，上课积极了，准确率也提高了。

回来问他，答道：“以前不高兴上去做题，现在有时会去黑板前做题了。”奥数班的期末测试，他拿了100分。想起两个月前，他主动问我要高一的数学书，说要把基础知识弄懂。

做妈妈的，听到这些是最高兴的。

一天早上，难得我7点起来，看他还没走，一个人坐在书桌前，居然在看那本高一的数学书。他告诉我，终于有点看懂了，原来数学知识也是循序渐进的……

真没说错，兴趣是最好的老师。

然后，是这次期末考。

端午节三天假期，我希望他复习。他说，妈妈，你不用操心，我已经排好了，后面还有一个双休日，绝对来得及！

双休日早上不到8点他就起来了，把一切安排得井然有序，语文、英语、科学，还有数学基础等等，间隙在房间里踢球、摸高、做游戏，然后再复习下一门……

除了帮他背了点英语单词和语文古诗文外，我几乎没管过他——怕他说我啰唆，他这年龄，最怕妈妈烦，何况我自己事情也不少。

考试归来，立马游戏，从电脑到iPad，晚上又大看足球，昏天黑地，彻底放松。

同学来电话问他查分数了没有，我也从单位打电话给他，希望他快点查一下分数，他很坦然地说，分数都在那里了，又逃不掉，急什么！

呵呵，成长的意味，有时候也需要这样的一种淡定吧。

结果，还真不错，数学98，英语96，语文84，总分278，班级第四，年级十三；很稳定，为他骄傲！

近一段时间，好几天回来晚了，去他房间看他睡着的样子，不禁感慨，时间怎么这么快溜走了呢？

上个月，我还到他眉毛那里；这个月，我已经在他眼睛下面了。

曾经问他，初一累吗？奥数累吗？他稍微想了想，说："有点累的。"然后，马上又说："不过妈妈，还可以的。"大有让我放心的意思。

我后来说，妈妈以后尽量不啰唆。

他说："你最好连这个都不要去想。"

忆：前十名

难得一次，多多期中考时，我没出差。

本来上周有个金秋笔会，我要去的。

没去成是因为婆婆的病有反复，先生要陪夜，我就推了出差，在家做后勤了。

恰逢儿子考试，晚上的时间，就窝在家里看他复习，也稍微帮他一下。

他对待考试，还是蛮认真的，他觉得语文和英语需要复习，精力就花在这两门上，对理科则比较有信心。

这两个月，家里的状态不稳定，肯定对多多是有影响的，初二，每天晚上功课做到很晚，对他来说，能坚持住吗？

我和先生互相提醒，不给他太大压力。

第一天考语文和数学，考完回家，他说数学错了一题，要扣掉3分，但语文的感觉还不错。

第二天英语和物理，他是物理课代表，回来很沮丧地说发现错了，却来不及改了，英语嘛，脑抽了，最简单的一个单词没填……

但考也考完了，不想了，玩吧。

当晚就开了电脑，打游戏！

还希望我拿出iPad，让他过过瘾。

他对我说："妈妈，我想星期天晚上上学校的网页查查成绩，这样不管成绩好坏，我都可以好好玩两天了。"

周六晚上，我忍不住先悄悄上网查了他的成绩，出来两门，英语94，物理92，没告诉他。

周日晚上他上电脑查分数，看来看去还只有这两门的成绩，别的班已经出来四门了，他们班级慢。

周一，好消息在我们一点没准备的时候来了。

数学97，语文87，总分370，班里第二，年级第五。

于是很开心。想想自己真是个没出息的妈妈，儿子成绩好，竟然让我那么开心！

晚上，带他去剃头，他在路上高兴地说："郭老师说，我的成绩是有含金量的。妈妈，我真舍不得那台旧电脑，用出感情来了！"

我们曾经允诺，如果考年级前十名，就帮他换一台电脑。

看着比我高出半头的多多，我开心地笑了。

话题五：倾听的艺术

主题词：

学会倾听

传递

沟通

情感交流

晚上时光

亲爱的多多，你好！

暑假的那一个月，让我仿佛回到了过去，不一样的是，当我还沉浸在做妈妈的幸福中时，你的见解和对话会猛然让我回过神来。我的小朋友长大了，你已经大三了，我们对话的内容更宽泛、更深入、更有质感了。

还是那间小房间，连家具都没怎么变，晚上的时光，你总不舍得关灯，有时候你在夜读，有时候估计是在玩游戏或者看球。偶尔我睡不着，会起身走到你的房间，你放下手上的事情，然后，像是情景回放，我们一起走进时光隧道，开始海阔天空的“晚上时光”。

好几次，居然就聊到了深夜一两点，我们不禁吐一下舌头，赶紧互道晚安，休息去了。

我觉得神奇，同时感到幸福，进而相信童年的记忆和情景真的可以照进现实。

我们的“晚上时光”，大概是从你幼儿园的时候开始的。

那时候我和你爸爸有分工，早上他管你起床，送早；晚上我管你洗漱，道晚安。爸爸因为曾经在电台做早新闻编辑，起得早，所以养成了早睡早起的习惯。而我晚上回家要写作，偏偏有了晚睡的习惯，这样的分工让我们各得其所。

因此，我和你有了一段那么独特的时光：临睡前，你坐在小床上，我陪你看书，与你聊天，构成了一道“美丽风景”。

等你长大一点，可以自己完成作业，自己洗澡上床时，我大多在书房的电脑前苦思冥想，“奋笔疾书”。你从上床的那一刻，就拼命叫：“妈妈，陪陪我。”一直要叫到我放下写到一半的文章，走进你的小房间。感谢上帝，那个时候，每一次我都会因为你的“呼叫”而放下手中的工作，走进你的小房间。说心里话，我很享受与你一起的这段时光。

“妈妈，陪陪我。”是至今耳畔还会经常幻听到的，你与我说过的最多的一句话。

于是，我们俩就着昏黄的台灯开始天南海北。

慢慢地，我们把这段时光固定成了一个习惯，只要我不出差的日子，晚上就会去你的房间与你聊天，这为一天划下一个完美的句号。也有我手上正好有脱不开的工作的时候，或者，我们聊着聊着，你兴奋了，不想睡觉，爸爸会唬着脸跑来干涉，然后，我急着脱身，你只好意犹未尽地闭上眼睛……

记得我曾经对你说：“肯定有一天，你会把房门关得紧紧的，不让我进来，甚至，你会在门口贴一张纸条，写着‘请敲门’。”

你信誓旦旦地回答：“肯定不会，永远不会！”

“因为，”你继续说，“你知道吗？我特别喜欢这个时候的你，就像一个小妈妈！”

“什么小妈妈？”

“就是和我一样大，不严肃，不一本正经，没大没小，什么都可以说的妈妈。”

我暗暗吃惊，每个晚上走进你的房间，放松自己，回到与你一般大的童年，确实有一些教育理念支持的。这个暂且不说，只说结果。

于是，我们很幸福地过了许多年。你在我们身边可以相处的的晚上时光里，我们似乎是在不知不觉的闲聊中度过的，一些艰难时刻和沮丧瞬间，也因此一起跨过和承担，一些重要的关键节点，我们始终有充分的交流和沟通。在这个过程中，偶尔我是那个小妈妈，更多时候，你是那个可以懂我话语的大孩子。

我们一起为亲人的离去悲伤难过，为青春期的到来兴奋和不安，当然，更多的时光，我们分享彼此的欣喜，期盼和畅想未来……甚至，这些美好的日子还促成了我的一套校园小说“许多多”系列……

时至今日，我感受倍深，晚上时光成了我们之间的一个通道，私密且值得珍惜的一个所在。我很希望，就像你曾经很童话般说的那样：“妈妈，等我 100 岁了，你 128 岁，我们还可以这样聊天。”

最初愿意走进你的房间与你嘻哈，应该与我的职业有关，也与我童年的心愿有关。做童书、编杂志、去学校的工作状态，给了我许多机会去发现孩子们的烦恼，那些我曾经也经历过却在长大后忘记的烦恼和困惑：老师的一句话，一个悄悄喜欢的念头，莫名误会而伤神失眠的时刻，友谊的小船猛然翻掉的一刹那……在我曾经的年少时光，也有过这样独自遭遇又无以言说的艰难处境，一个人怎么想也想不明白的无助，那种害怕和恐惧，很多年后还会在我困顿时到梦里来打扰我。你知道，我是典型的双鱼座，多愁善感，我记得曾经因为一次物理考砸了，我站在三楼的阳台，不禁产生了跃下的念头；记得因为父母的斥责，好几个星期不理他们；还有，一个人拼命琢磨却想不出的无望，面对未来和宇宙的那种莫名的恐惧……

所以，我很小时就有个心愿，如果有一天我有了孩子，一定要回到童年去张望一下：用我一个过来人的智慧，陪他一起走过那些坎。

于是，你 8 岁，我 8 岁；你 10 岁，我也 10 岁。反过来，当我工作上遭遇烦恼时，我也会告诉你，也许你听不懂，我当时的想法，是要让你知道，其实，每个人都有各自的烦恼。

记忆里有几个画面，至今定格在我的脑海中。不知道你还记得吗？

画面一

那年，爷爷离开，你10岁。因为你正好参加一个重要的考试，我们瞒了一天才告诉你。我记得是在接你从考场回来的路上，走出校门，我拉住你的手，很轻很轻地说，爷爷走了。你立定，小脸仰起连着问了我三遍："妈妈，你再说一遍。"

然后便"哇"地哭了出来，你后来说，妈妈，我不是没听见，是不敢相信。那一路上，你一次次哭，哭的间隙，你抽泣着问我，我以后再也看不到爷爷了？我抱紧你，不知道怎么可以安慰你，只是抱紧你。

你像是安慰我，忽然很镇定地说，这样奶奶就可以轻松点了，不用天天去医院，奶奶的身体会好一点吧。

想起前两天我们的对话。下午放学我去接你，告诉你，爸爸去陪爷爷了，我至今记得你停下脚步看着我，问道："要紧吗？"那天晚上陪你做作业，一直到你上床时，爸爸还没回家，你便问爸爸怎么还没回来。

"爸爸可能不回来睡觉了。"

"妈妈，我很矛盾，如果爸爸不回来，我就可以和你睡在一个房间了。但爸爸不回来，说明爷爷的身体很不好，所以，我还是希望爸爸回来！”

善良如你，小小年纪，已经知道为他人考虑了，欣慰之余，我也心疼你的懂事。

那天晚上，你上床后，我们都有点沉默，我知道，对于小小年纪的你来说，这个打击未免大了些，我甚至没准备好怎么与你聊这样沉重的话题。

我摸摸你的头，想到这一天，你哭了很多次，晚饭几乎也没吃，实在不想继续这个话题，但我也知道，也许说开了，心里会好受些。

“妈妈，为什么我这里好像有一块石头压着，让我喘不过气来？”

“妈妈，是不是过一个月，我会好点？”

“妈妈，为什么我总是想到爷爷叫我时候的样子，听到他喊我多多呢？”

“妈妈……”

我朝你身边挤一下，抱住你的肩，你还在问我：“妈妈，究竟有没有天堂？”

我想，我得告诉你，死亡意味着什么，我不想吓着你，却也不想看你这样无助。

我知道也许就在这一刹那，你在长大。

我和你说起了我 20 岁那年，我的太婆离开的情景，我也哭，也难过，悲伤得留下很多文字……虽然时间过去十几年了，我告诉你："后来慢慢发现，在现实生活中，还是会有很多的事情等我们去做，而在妈妈心里，有一个角落是留给太婆的，妈妈有的时候还是会梦到太婆，或许她真的在天上看着我呢。"

"因为她在天堂，你才会梦到她？"

"有两种可能，一，有天堂！那里很美好，我们最后都会去那里，但要等到那一天才知道究竟是不是有天堂；还有一种可能，是我们编出来安慰自己的，因为如果知道亲人去了天堂，去了另一个世界，我们会觉得心里舒服一点，不会太难过，所以，我们就创造出一个天堂来安慰自己。"

你点着头说，妈妈，那可能是第二种情况！

那一天，就在你的小床上，我们躺着，一起说了很多关于死亡、关于珍惜生命、关于保护身体和发现自我的话题。

第一次，你很虔诚、很认真地和我说着这样沉重的话题。你还告诉我，马鸣加中有一个故事也是关于这个的，写的是丁转转的爷爷过世了，马鸣加就去操场上降半旗，结果把警察招来了……

晚上，你睡得比平常晚，不断叫我，说睡不着。

我知道面对亲人的离开，特别对于才 10 岁的你来说，是非常残酷的事实，但怎么办呢？我们总有一天要去面对这样那样的残酷，学会接受和面对，学会承受和疏解，这也是我们必需的人生课题吧！

亲爱的多多，我记得那天对你说，就让我们在心里为离开的亲人留一个位置，然后，我们好好爱护身边的亲人。

当你很认真地与我说着死亡的话题时，当我们一起来面对悲哀和伤痛时，我觉得沉重会减轻很多。

画面二

初中时，我们的话题中偶尔出现了女孩子。

还记得吗？你在本子上留下一些诗，你有段时间忽然手机短信多了，还有，你的谈话中，有了一个出色的女生。

我总是静静地听你讲学校的故事，不敢打断不敢插话，我怕一不小心，你就关闭了内心，不再与我说了。

你们关心老师，你们一起放学，你们学习上你追我赶，我可以隐约感觉到你对女孩子的好感，因此想起我自己最初喜欢男生的内心感受。那种藏在心中的幸福感，虽然可能是单相思，但只要眼神的顾盼，只要某一句话的回应，就能高兴很久。

我记得一天晚上，当我们聊到男生女生的话题时，我向你说起了我初中的一段记忆。那个男生成绩比我好一点点，成了我追赶的目标，我们坐在同一排，隔一条过道，转个头就能看到，虽然不过笑一笑，借一块橡皮，问一道题目，依然觉得每天的日子都很幸福。我那时候曾经天真地以为，只要考进了大学，我就去找他，然后我们可以在大学的校园里互相倾诉，开始长长的未来。

你好奇地问我，那么后来呢？

后来，当然没有后来。

因为随着年龄的增长，我们都在丰富对爱的理解，才知道，幸福的内涵要深远丰厚得多。

怕你不能理解，我举例说。

就像你喜欢的玩具和你的兴趣，过一段时间会不一样。

比如，你小的时候特别喜欢汽车，后来你开始喜欢地图，喜欢围棋，以后你还会有别的兴趣，你在丰富你自己，你对许多事情的理解就会不一样。

你现在对女生的那种喜欢，也许就像你小时候喜欢的汽车，或许将来，你喜欢的东西变成了地图呢?

你当即反驳说，不会的，我现在喜欢的就是地图。

这个话题后来是不是深入，我不记得了。不过想起我举的例子，我倒觉得挺恰当的。你还记得这个细节吗?后来我还把这些写进了我的小说里。

其实，妈妈那个时候与你说汽车、地图的时候，一点没有那种地图一定比汽车好的意思。我们都知道，情窦初开是人生中非常美好的感受，人生的每一个第一次都值得好好珍惜，人生经验就是在这样那样的感受和思考中获得的。

画面三

等到你进了初中，学业忙了，晚上时光变成了洗脚时光。秋冬日子，你刷你的作业，我在电脑前写作，等你，然后看你差不多开始整理书包了，为你倒好洗脚水，那会一般已经是十一点以后了，我们就在小小的厕所聊几句。那个时候，总是你在泡脚，我蹲在一边看你泡脚，顺便延续晚上时光的话题，你会讲一点学校的故事，放松一下绷紧的神经。

多半是有趣的事情，或者你们理科班里可爱聪明的同学的调皮故事。你开始奥数的学习，刷题、苦思冥想成了常态，经常是做完作业之后，还有一整张的奥数卷子要做，有的时候看到你转着笔盯着一道题目想不出来，我会劝你："做不出就算了吧，早点休息。"

你抬起头，看我一下，继续在草稿纸上画画写写。

记得一个晚上，你告诉我："妈妈，柯老师说，第八题很难，我们做不出就算了，但我就一定要做出来的。"

"为什么？"

"因为不能让柯老师失望呀。柯老师觉得我可以。"

那段时间，你进入了柯老师的法眼，在冲击一个上海市的竞赛。被老师重视，提升了你的自信心，让你有一种自豪感吧。

"可是，这样你休息的时间就少了。"我有些心疼。

"妈妈，你不知道，解答出一道题目的瞬间，心里那种豁然开朗的感觉有多好！"

你继续说："你别看我一直转笔，那是我在动脑筋。今天这道几何题，我想了许多办法，添了很多辅助线都解决不了，后来，我灵机一动，发现居然可以用代数去做，你可以想象那种灵光一现的时候，我有多么……多么……”你很激动，眼睛也睁大了。

“是不是有一种成就感和幸福感？”我替你回答。

你点头：“原来数学也是通的，几何、代数什么的，有一天可以混搭。”

你从学习中获得了乐趣，享受到一种灵光一现的幸福，这让我特别开心。

如果不是洗脚水冷了，时间又太晚，真想与你继续这个话题。我看到柯老师的激励，如何变成了你坚持的动力；你面对挑战时候的态度，也许正在提升你的智商，让你变得更好。

……

还可以想出很多这样有意思的晚上时光。

我原本以为，有一天，你大概会关上你小房间的门。

但神奇的是，等你大学了，比如这个暑假，白天的所有时间，你是那个有见地有想法的大学生；夜晚降临，我的烦恼或你的困惑，我的思路和你的逻辑依然会碰撞交流。过去的记忆在这一特定的时刻被重新点亮，我们像往常那样，继续我们的“晚上时光”，穿梭在彼此都没有长大的那个“时光隧道”里——这让我知道，我不孤单，你也不。

真的希望，这个“时光隧道”可以长长久久地留在我们的身边。

放手时刻

亲爱的多多，你好!

假期到了，朋友圈里，很多妈妈都在晒“卫星返航”的照片，而你，还在忙碌，说要四个星期以后才能回家。

虽然想你，也知道小学期的课程没有平时那么忙，但我们继续保持着每周一次的通话节奏，没敢太打扰你。有时候想打电话了，总是提醒自己克制一点，大学生活的丰富，我是可以想见的，难得每周那一次电话，我们可以天南海北讲一个多小时，那么，就保持这样的节奏吧。

关于尊重和放手，其实，早在你初二的时候，我就意识到了。作为妈妈，总觉得做得不够好，总有那么多的事情想帮你去做，生怕你做不来，但理智一直告诉我，不用的。

那天和同事去虹桥谈公事，经过以前我们常去的遵义路一带，那里已经完全变了样，我站在那里，想起曾经有很多次，我们一起来过。

印象深刻的是你 14 岁那年的暑假，我记得忙完了那年的上海书展，终于有点自己的时间了。一个周五的晚上，因为爸爸在电脑上写一篇重要的文章，需要安静，我便和你商量，我们去外面的超市买点东西吧，可妈妈拎不动，需要你这个大力士帮忙。你欣然答应。

其实是想念和你一起出门的那种状态了，隐约中还有点担心，以你当时即将初二的年龄，有一天怕是不愿意陪我逛街了。

我们去了虹桥上海城，像是另一种晚上时光，你还记得吗？

你陪我先逛了二楼、三楼的服装，然后我们才逛到地下一层的百盛超市。天热，你喜欢吃冷面，那里的味千拉面的半成品，是你很喜欢的一款。我看着你熟练地去推车，不用我招呼，然后去选东西，将拉面、牛奶、花生酱、薯条等零食拿在手上掂量，我知道你在比较牌子和价格，然后选出你认为最合适的放进推车里，我站在你身边，像个甩手掌柜，只管付钱。幸福地看着个头已经超过我的儿子比我能干地张罗，同时心里却也咯噔一下，意识到一个不争的事实：你正在长大，比我想象得要快。

买好了东西，我们在超市旁的小吃店坐一会，喝一杯饮料，吃一点甜点，很惬意放松地聊着天……就在这时候，接到爸爸的电话，说你的新班主任来了电话，明天要来家访，时间是上午十点半。

赶紧拉着你回家。过完暑假你就初二了，学校为你们这个理科班换了新的班主任，郭老师第一次来家里，这个第一印象比较重要！

那个周六，我和你爸爸很早起来忙着扫地擦桌搞卫生，你起得也比平时早，自己的书桌自己整理的，这个你还是知道的。看你胡乱地将桌上的东西往抽屉里塞，我忍不住笑了，这让我想起樱桃小丸子的老师要来家访的情景，小丸子把脏乱的桌子搬到姐姐的房间想蒙混过关，结果当然是弄巧成拙。

10 点，家里干净了。我们擦把汗，赶紧把平时在家穿的睡衣换下，像要出门一样，我穿上了连衣裙，爸爸换上了有领子的衬衣。然后，我到你房间的衣橱里拿了件出门穿的 T 恤衫，招呼你去卫生间洗洗，把身上的背心换下。

你不乐意了："有那个必要吗？哎呀，不换，不换！"你很不屑地说。

那个仿佛大人的你出现了，有自己的主张、自己的判断，14 岁，是不是正是急于表达自我的年龄？我看看你，没再说什么，把这衣服顺便放在了客厅的沙发上。没放回小房间，是我的态度，心里希望你会明白我的用意，然后悄悄换上，这件事情，你应该还有印象吧……

一直到 11 点半门铃响起，你还是穿着那件背心，接待了郭老师的第一次家访。

我们一起在书房坐下，郭老师给人的第一印象挺和蔼的，穿着件橘色的连衣裙，整个人很精神。我不知道那一刻她是否注意到你身上的背心，我一边和郭老师寒暄，一边用余光瞥了下你，看到你脸上稍微有一点尴尬，两只手不知道往哪里放。

郭老师是刚带完一届初三，来接你们这个竞赛班的。人很干练也很有经验，不错，我当时想。接下来的对话，我要怎样才能让郭老师对你有一个好点的第一印象呢？又该如何不动声色又恰到好处地与郭老师聊聊你的长处呢？

你和郭老师面对面坐下，摆出了两个人对谈的架势，直接秒杀了我们和郭老师对话的可能。郭老师先请你做个自我介绍，看着你张口结舌介绍不出自己的个性，我真的有点着急。我当然知道这个时候要忍着，你完全可以独自面对老师的任何提问，而不应该再由妈妈代劳。但说心里话，那一刻，我真的蛮纠结的。

记得你上学以后，我们经历过的几次家访，总是我们忍不住和老师侃侃而谈，生怕老师没办法了解自己的宝贝儿子，生怕忽略了你哪怕并不突出的优点，却从来没有想过，我们不能一直把你当个小孩子护在羽下，总有一天，你需要自己走自己飞，自己面对未来。

那次家访的情景至今印象深刻，是因为就在那一天，一边听着你们的对话，我一边不断在心里提醒自己，儿子真的在渐渐长大，不能再把他看成我手心里的宝贝了，我要学着放手了。

你要知道，这个对于妈妈来说，难度指数可不是一点点。

郭老师问：你对学习和竞赛的兴趣在哪里？想不想当小干部或者课代表？如果继续做宣传委员，有什么施政纲领呢？有没有对未来志向的考虑？比如是不是想考进四校？具体来说是哪一所呢？

你有些紧张，声音不大，经常不由自主做着小动作，用手扯身上的背心，但你没有遗漏地一一作了回答：对奥数有兴趣，但也有感觉辛苦的时候；宣传委员嘛，就是可以发动同学一起做好很多事情；如果当课代表，一定可以做好，可别人已经做得好好的，没什么理由拿来自己做；总归要考个重点学校的，最好进最牛的那所中学喽，但听说上海中学很苦的，再说也不一定考得进。

可以看出，郭老师是做了准备而来的，那种循循善诱，那种不断递进的提问，很有针对性；你的回答也很到位，我发现你是有过思考、有主见地在回答郭老师的提问。

然后你们继续。

“如果已经懂得的课程，会不会在底下做个‘小喇叭’？知道延安中学的校训吗？知道老校长的‘四个学会’是哪四个吗？”

“应该不会坐在下面插嘴了，那是小学时候的表现，现在长大了；校训嘛，我记得是自信自强，自主自立；四个学会是学会做人，学会办事，学会读书，学会健身……”

郭老师点头表示赞赏，说知道“校训”和“四个学会”的，家访到现在你是第一个，你脸上有了一点小小的得意，咕哝着说：“不会吧，学校的墙上一直贴着，我脑子好，看一遍就记住了！”

脑子好，是整个谈话中你最自信的部分！

你们聊的时间不短，我和你爸爸插不上一句话，就坐在一边，看着你们，听你们的对话，看你表达，看你思考，看你渐渐表现出来自信，还有你对学习和未来的憧憬。我暗暗对自己说，未来的日子，要学会相信你、尊重你，要学着放手。

放手这两个字，就是在郭老师家访的那一刻，印进我的脑海的。

还记得那天，郭老师提醒你，青春期可能会叛逆；学习压力加大，一个人的坚持很重要；还悄悄告诉你，老师看到过的那些出类拔萃的孩子，多半都是会自己做主的孩子，老师和家长，只是在一旁给点指点和帮助而已。这些话，也在提醒我们做家长的，在这个特殊时期该如何面对。

正是这次家访，给我蛮大的启发，也让我知道了自己以后应该扮演的角色：在想要啰唆的时候，选择闭嘴；在忍不住要干涉的时候，选择微笑。

于是，整个初中，你的叛逆期没有遭遇我的更年期，特别是进入初二以后，你学习上的主动性明显增强了，还当上了副班长，变得更独立更自信了。

后来读了龙应台写的散文集《目送》，很感叹——要做到又爱又理性，妈妈们面临的挑战，真是一样的啊。

量变的积聚而已

MM，见信好!

看你那么仔细地叙述那次家访，我觉得实在稀奇。有个作家妈妈真是厉害了。

而对我来说，那次家访的记忆不太深刻。

从小到大，老师来家访过好多次，好像这一次也并没那么特别。就和所有的家访一样，认识一个新老师，然后，老师问什么，我答什么。

我稍微记得一点，就是你让我换一件衣服接待老师。

我当时的想法，我是说换衣服的那个情节，其实很简单：我在家里就是穿背心的，要出门了才会换衣服。如果是换上了那件T恤，是不是看到郭老师还得解释一番?

比如，郭老师来了，看到我们一家都穿得毕恭毕敬的，那不是要告诉郭老师："啊，郭老师，我们正好打算出去，您怎么现在就来了，那我先陪您坐一会儿。”

岂不怪哉？家访是早就约好的事情，是郭老师来我们家，那我们当然是“在家”恭恭敬敬地等她。

“在家”才是关键词,大概那个时候,“恭恭敬敬”我还没学会。

或者我就没想过，“恭恭敬敬”是需要那个样子的。已经按照你们的要求打扫了房间，整理了书桌，够可以了吧。

按照我的想法，郭老师不是要来看看我家里的样子吗？那就应该该怎样就怎样。虽说不是不敬，可心里也实在没把它当一回事，不就是来家访嘛！

另一方面，我可能觉得真实是更重要的，准备得多了就显得做作，就像面试的时候，如果眼睛朝着天花板背稿子，一看就让人觉得所说的都不太真实，有了一层华丽的外包装。

于是，我就要表现出根本不做准备的样子，而且我也就是根本不做准备，老师来见到的听到的就都是“最原始”的我。

所以，我与郭老师的所有对话，也都是有什么说什么。

想进最牛的中学，也许是后来进了才想起来当时讲过。而那时候初一才结束，我哪里有什么规划。就好比现在，别人问我想不想出国，我还是支支吾吾的。其实，到了大学，对未来的学习和工作的想法可比当时对高中的规划清楚一点呢。

当时知道上海中学，一半原因大概是听我的同桌讲的，还有一半原因可能它实在太有名气了。上海除了它还有什么好学校我那会一无所知，你就可以想象我的规划是什么了。

我脑子里也许唯一知道的，就是争取好好搞奥数，“新知杯”拿个奖，这个会有用，毕竟以前许多大神的故事，老师和家长都会传扬，我就听过不少。

我至今也不觉得那次家访有什么失败的地方，或者换一种说法，有什么重要之处。

它完全不可能是我成长中的一个拐点，就像小时候我被老师骂了一顿一样，起不到什么关键性作用。

我想，也许它更重要的意义在于，一直在我身边的你们会从中发现我的点滴变化，会有一种不一样的感觉，觉得我在长大。

而我自己是不知不觉的。

回过头想想，长大，应该就是这样不知不觉的吧。

量变的集聚而已。

想念有时留在心里

亲爱的多多，你好！

整个暑假，你的作息时间还像在学校一样，晚上灯火通明，当然，早上没什么事情的话，是要睡个懒觉的。你说，习惯了，晚上安静，可以干点活，学点东西，12 点前是没办法睡下的，早上嘛，如果在学校，有课，就开闹钟，放假的时候，你们就让我睡个够吧。

暑假嘛，吃好、休息好，我们也就不管你，随你。

到了九月，离开学大概还有两个星期，你照旧早上不起，晚上不睡。但是，有一天，你起了个早，说与老师约好了，去看他们，上午看初中老师，下午看高中老师。

我瞄一下日历，9 月 8 日，教师节要来了。嗯，你的心里还装着那些曾经的中学老师，挺好。

“怎么没听见你打电话？”我的第一反应是你什么时候约的

老师。

“现在有微信了，约个时间不是分分钟的事情？”你有些得意地说，然后就出门了。

那天你回到家，将近六点了。

晚餐时间，听你说郭老师请你在延安食堂吃午餐，廖老师问你足球的爱好还在延续吗，柯老师调走了，没遇上，还有，有的老师认得出但记不清你了，但依然很热情地与你打招呼。你说，最有意思的是一个上中的老师，说：这么晚还没开学的，让我猜一下，哦，对了，一定是北清的学生，就属他们开学晚。然后你们一起笑。

每个老师都在关心你大学的学习和生活，专业喜欢吗？没有老师盯着你了，适应吗？将来有什么打算？世界会怎样变化……你们相谈甚欢。你说，郭老师带你参观才建成的图书角，还留了合影；你说，你走进曾经无数次坐在那里的礼堂，看到正在举行的教师节颁奖活动。你在说这些的时候，脸上满是自豪的神情，我心里觉得安慰，每年的教师节，你都会去小学、中学看看老师，仿佛一个早就说好的约定，想着这些年不管你走到哪里，对老师的想念，都会留在你的心里，那么，大概，你也会在未来，这样回家来看我们吧。

曾经是我们，要不断收起对你的想念；而渐渐地，到了我们希望你想念我们的年龄了。

在你长大的日子里，妈妈一方面要帮助你建立一种良好的安全的情感纽带，陪伴你，因此有了很强烈的对你的想念；另一方面，又经常表现坚强，需要告诉你，你尽管朝前去，不用想念，妈妈会在背后看着你，祝福你。

可是，可是，其实，你知道吗？想念，有时留在心里，挥之不去……

第一次有这样深刻的想念，是在你初中去美国参加数学比赛的日子。

那是你第一次独自出远门。虽然已经过去了许多年，但就像许多事情的第一次一样，你离开的那两个星期，一直刻在我的记忆中。

那年，你 13 岁。

那两个星期，我和你爸爸一边享受着二人世界的悠闲，一边在莫名的思念中不断想你，我需要一次次告诉自己："别太多情，你总要学会放手的，这是做父母必需的功课。"

而放手的时刻，也许从你去美国的这两周就开始了。

戚老师告诉我，你有资格去美国参加在哥伦比亚大学举行的美国高中数学竞赛，问我们是否愿意让你进入学校的竞赛团体，代表学校去美国训练、比赛，我们当时非常兴奋，当即就答应了。

然后，你开始紧张的赛前训练，那段时间，你们主要的训练是英语，因为试卷是全英文的，看不懂题目，便无法应对。训练的同时，还夹杂着学校的期中考试，所以，你每天都很忙，我也正好有出差，就这样等我意识到离你去美国只有两三天了，才紧张起来。

现在想起来，也许那段时间，关于你要出远门，我们都在有意无意地回避着。很多时候，别离的滋味都是这样的吧，有兴奋，又有担心，于是，就先假装忽略了。

一直等到那个周六的上午，最后一次培训结束，行前会开好了，我知道，我们得准备行李了。

赶紧敦促你写下去美国必带的物品清单，然后，备齐了那些东西，拉着你按照清单的顺序一样样放进行李箱。叫你一起整理，是希望你知道每样东西放在行李箱的哪里，去了美国，我们鞭长莫及，得你自己照顾自己。

带了许多衣服、日常用品、充电器……一样样都放好了，接下来，是一连串的关照，这个要当心，那个不可以，已经看到你不耐烦的眼神了，可是，我就是无法抑制内心的那种不放心，那毕竟是你第一次出远门。

那段时间，白天的忙碌帮我忘却了念想，可是，回到家里，那种空荡荡一直都在提醒我，你在那么遥远的地方，不知道好不好。

唉，父母对孩子的那种担忧，与生俱来不说，还挥之不去。我想起你全托到上海总工会幼儿园的那段时间，刚去的时候，老师答应会打来电话报平安。为了等这个电话，我甚至不敢上厕所，不敢去楼下拿一下晚报，每一分钟都等着床头柜上的电话响起来，老是担心电话是不是坏了……

当然，我心里一直明了，不可以太宝贝你。如果我大包大揽，后果是你会成为一个“妈宝”，这样的例子我听得多了，也看得多了。

所以，很小的时候，你跌倒了，我会心疼，但我站在你的身后，看你自己爬起来；长大一点，进了学校，你委屈了，做错了事情被老师责骂了，吃败仗了，我们都会让你哭一会儿，成长要面对的所有难题，你需要自己去面对和解决。我们可以做的，是做好你的后盾，在背后默默关注你，给你提醒和建议，帮你了解事情的来龙去脉，但不能代替你思考和行动。

就像我说的，理智与情感不是一回事，懂得道理和自己直接面对，也不是一回事。遇到了，解决了，还是仅仅听说过，很不一样。

所以，妈妈爸爸对你的呵护，就这样收收放放。

可怜天下父母心，你不在的那两个星期，我没想象的逍遥，总是沉浸在对你的思念中，我因此留下了一些文字。

终于，等到了你回家。

你说，美国好是好，但有些地方还是家里好，比如，美国的水龙头都不可以拿下来冲淋，因此开始几天你都不洗澡，一直在等可以拿下来冲淋的和家里一样的水龙头。我们笑你怎么会被区区一个水龙头束缚了？

更好玩的是，你说，每天晚上睡觉都需要钻进被窝，因为那个被子是裹在床上不能动弹的。呜呼，在去美国以前，你和我们一起外出旅游，晚上休息前，我会将宾馆床上的被子拉出来，你一定没注意到这样的细节，宾馆的被子都是被服务员认真裹好的。我问："难道在美国的所有夜晚，你都是钻进被窝的？从来没有去研究一下,为什么那些被子会与床'粘连'在一起？"你点头称是。

我们笑你没见过世面。

你继续说，美国早上自助餐的咖啡黑黑的，而且太苦了。

"难道你没加糖和奶？"

你惊呼："难怪比家里的难吃太多！"

还有，中午吃自助餐，你们基本上是冰激凌蛋筒管饱……最伤心的是，比赛结束了，同学们开始玩耍的时候，你却发烧了，老师打来长途电话要我们劝你在宾馆休息，而你的同学则去了迪士尼乐园，你在电话里大哭，远在千里之外，我们与你一样揪心，只能安慰你说，留点遗憾，一定会有下一次……

看着你没心没肺，不那么完美的样子，我知道，我们也是这样长大的，不用太呵护，不要太全能，偶尔可以不周到，给你机会去撞一下墙，发现成长的痛楚，转个身，继续前行。

高中你住读，起先每周三我还会不放心地到学校去看看你，后来，也就安心等待周末的到来了。而如今，你飞得更远了……

很庆幸，在你长大的岁月里，我一直没有做那个“全能妈妈”，那个为你挡去所有风雨的妈妈，偶尔还会显露出一点点的无能为力。

我对你的呵护，与你对我的关心，我们彼此交换着。

当然，这些想念不会一直挂在嘴边。

想念，常常留在心里。

忆：变形金刚

晚上，照例在临睡前陪儿子说说一天的事情。

这几天，他话题中最多的是在网络上养的一个QQ宝宝，怎么让它吃饱，陪它游戏，去赚钱，在冰箱里藏下足够它吃的东西，什么时候散步，什么时候上课，上了多少课才可以打工等等，从洗脚那一刻就说个不停。因为答应他这个游戏可以玩到“六一”，所以这几天耐心地听他诉说，想着，孩子也是挺可怜的，可以玩的时间真少。

说完QQ宝宝，躺在床上的时候，他开始和我说他们班级课间十分钟玩的游戏。因为最近在学廉颇蔺相如的故事，所以，他们的游戏和战国七雄有关，儿子说他选择了秦国，因为他知道历史上秦国最后统一了六国。他们每个人选一个国家，造小兵，买弹药，做炸药，然后去和其他国家打仗，像一个电脑游戏的翻版，不过是在纸上画的。于是，每一节下课的十分钟，有了生气和期待……

可以虚构一段连续剧，想来还是很有意思的，儿子充当的是斑竹（版主）的角色。

他这样说的时候，我心里关心的，是他最近上课的纪律好不好，就顺便问他还插嘴吗？他说语文课少一点，因为孙老师的眼睛瞪过来比较可怕，但数学课就多一点，还有英语课。讲到这里，他忽然说："今天Mrs严的话让我很难过的，Mrs严说，全班二十几个同学，就你一个长着嘴巴吗？听上去有点不舒服。"

"是不是因为你插嘴？"我问。

他回答，当时，严老师在说时态，有同学肯定是用错了时态，老师问："难道一秒钟就可以变出个士兵吗？"

他跟着说："变形金刚！"

全班同学都笑了起来，Mrs严肯定很生气。

听到这里，我忍不住笑了起来，然后才唬起脸说，是你不对，你这样，老师当然要生气！

呵呵，孩子的世界很精彩，每天晚上这个时间，我一直很享受，和儿子这样没有规矩地说话，很有意思！

他还告诉我，班里有个姓董的同学，他们就叫他"懂吗"，经常问他："1+1=2，你懂吗？"后来，就索性叫他董妈了。

一天疲惫下来，到了晚上可以如此轻松一下，其实很有幸福的感觉！

今天和朋友聊天，说起慢生活，说起我们现在的快节奏，也说到地震让大家忽然明白，想做的事情和心中的愿望，是要尽早去实现的。人可能无法主宰自己的明天，倒不如把握自己的今天更好一点呢！

拉拉扯扯，也是一种幸福！

忆：苦恼

周末回到家，是黄昏的时候，多多正在他的书桌前做作业，很投入的样子，看到我，就叫我，说要签字。我走过去，却意外地发现他的脸色很难看："怎么了？"我问，平时他都是兴高采烈的。

他的眼神有点怯怯的，眼睛里甚至含着泪水。他拿出一本默写本，第一页上赫然写着一个红红的零分，我先是一惊，进而平复一下心情，想，一定有个什么故事。

多多已经开口说了，原来，早上值日班长帮同学们默写语文字词，当时班级里吵吵嚷嚷的，大家都在问，下一个，下一个是什么词？可能声音很吵很响，当然就传到了隔壁的办公室，班主任老师气咻咻地跑来问："谁在叫？"

多多一定也在叫的人群中，被小朋友点了名。

"叫的同学，零分。"

于是，作业本上就留下了这一个红灿灿的零分。

知道了原委，我没骂他，什么也没说，很轻描淡写地签下了我的名字，然后让他继续做作业。

看得出，多多的心情一下子就晴朗了。

后来，他对我说，心里像一块大石头终于落地一样的轻松。

晚上躺在床上的时候，不知道怎么又说到这件事情。

然后他才一五一十告诉我，被写了零分的有三个同学，就他是中队长，另外两个都是成绩比较差的同学，而且“也有同学点了卫同学的名字，可老师就是不相信”，对于成绩和他一样好，也戴两条杠的卫同学没得零分，他觉得有些想不通。

还有，儿子继续说，班里声音是很响很响的，至少有18个同学在一起叫，老师只给了三个人零分，他觉得，显然太不公平了。

我说，别人虽然没得零分，可他们看到你们这样的结果，以后也就不敢叫了，老师让大家知道这一点，才是最重要的。

他点头认可，又继续说：“都是值日班长不好，点了我的名字，否则老师也不会知道的。”

我赶紧问他：“你呢？你点了谁？”

他摇头，我才不做这样的事情呢。

让多多最想不通的是：得了零分后，老师说，你不用再默写了，乖巧如儿子，真的就不默写了。可是，第二天本子发下来的时候，老师在课堂上又狠狠地批评他，说他的态度最不端正，因为另外两个同学，知道得了零分还要继续默写的道理，而他却傻傻不知道……

多多其实很单纯，根本没有想到有的时候，老师的话居然要反过来听。

我对多多说：“一个同学做错了事情，老师会说，你不要来上课了。你说，是不是同学就可以不去学校了？”

这个他知道：“那不可以的！”

过了一会，像是终于明白了，他说：“原来有的话要这样听的，妈妈，我下次知道了，这次我是没经验啊。”

想来，做个好学生，很少可以有这样的体验和经验。

我们后来说了些其他事，然后多多才放下了这个心结。他还安慰我说：“妈妈，我算过了，因为我得的100分多，所以这个零分可以拉回来的。”

多多睡着了，我却陷入了思考，我知道，那个作业本，是一天黄昏他拉着我去文具店买的，虽然默写的事情小，但他也一直很看重可以得几个好分数。

崭新的第一页，可以看得出他的字写得比平时都认真，那个赫然留在第一页上的零分，一定让他的心里充满了沮丧。其实老师不在，班里出现闹哄哄的状况，也算正常，如果这样的时候，多多却是乖巧安静的，恐怕我也想象不出来，所以，这样的打击，怕是让小小的他不知所措。

想来，在他成长的岁月中，这样的故事，还会一而再，再而三地发生着……

星期一早上，他是开开心心去学校的，但不知道又会有怎样的苦恼等着他。

也许这一切都是必须的。

话题六：规则，还是变通

主题词：

遵守规则

学会变通

规则需要每个人遵守

亲爱的多多，你好！

昨天吃晚饭的时候，刷朋友圈，看到你发了一条——一张北京奥体中心足球场的照片，上面写着一句话：这不像是我喜欢的足球。

一周前，我们通电话的时候，你说起过，这个星期要去参加志愿者足球赛裁判的工作，为孩子们参与的足球杯赛当七天裁判。当时的感觉，夏日炎炎的，顶着大太阳会相当辛苦，但听你聊得那么兴高采烈，就叮嘱你保护好自己。心里还想着，男孩子嘛，吃点苦没什么的。

这才过了几天啊。

我和你爸爸一致的感觉，这家伙做裁判遇到不顺心的事情了。我在你那条微信下面问了一句："什么状况？"

等了一会，没见你回，我按捺不住就直接拨了你的电话。

电话那头，你的声音带着伤感，你说，居然是做裁判的不遵守比赛的规则。五人赛的足球，半场应该踢满25分钟，可是，与你一起做主裁的大叔却是每一场都早早地吹停了比赛，最短的一场，只让球员踢了15分钟。

因为不是大比分，有的球队还是0:0，有的不过1:0，时间允许，局面是可能改变的，结果竟然吹结束了。这样做，对球队双方，都不公平！而且，一天里的那四五场比赛，几乎场场如此。你发现，大叔们之所以这样每场提前吹停比赛，不是疏忽了，而是有意为之，因为如果每场都缩些时间，就可以早些鸣金收兵，提前回家了。

这个，让你感觉非常不爽。

打电话的时候，你还没有离开球场。你说，你一个人坐在草坪上，生气，失望，想一个人安静一下……我可以想象你的样子。我望望外面的天，夜已经降临，偌大的体育场上，应该只有你孤单的身影，我忽然也有点难过。

我安慰你，去做裁判，就是去见识不一样的人和不一样的事情的，也许，天太热了，与你搭档的裁判怕孩子们中暑呢？

怎么会，担心中暑可以让他们补水，为什么要去破坏比赛的规则？

或许，他没有你那么喜欢足球，不过当作一份工作或任务来完成，想快快结束，回家做饭呢。

这是志愿者工作，自己报名的，不喜欢完全可以不报名啊。

要么，人家觉得不过是早了几分钟，况且是孩子和孩子之间的比赛，不用太当真，应付过去就可以了。

这个没道理，不管做什么事情，总是要讲究起码的规则吧？

……

我觉得自己挺无聊的，居然在为那个不讲规矩的大叔找理由，但是，打电话的那个时刻，其实我更关心你的心情，你会不会太难过，感觉自己受伤了，有没有因此与人家起冲突。知道你并没有把内心的声音表达出来，所以，才会特别不爽，我仿佛可以感同身受，更想说点什么安慰安慰你。

也许生活就是这样的，什么情况都有，每个人的想法都不一样，你经历了，接触了，才知道如何应对。

我说："早点回学校吧，一天下来挺累了。"

"我想再躺一会……"

挂了电话，我依然在想，是不是我电话里的那些说辞，对你是一种扰乱。要知道，其实，在内心中，我是赞同你的。规则，是我们处世行为的底线，应该要得到最大限度的遵守。

于是，赶紧提笔写这封信。

我想和你聊聊规则。你很小的时候，有件小事让我印象深刻。我每天下班回家，你会等在门口为我拿拖鞋，妈妈的拖鞋是粉红色的，你一定不会拿错。可是，有一天，外婆外公来玩，我和爸爸去外面买点菜招待他们，回家却发现你在哭，外公外婆的脸色也不好看，一问才知道，外婆穿了我那双粉色的拖鞋，你不依不饶要外婆脱下……老人觉得是我们把你宠坏了，而我似乎可以理解，你眼中的那双拖鞋与妈妈之间的关联，后来我还专门为这件事写过一篇小文。从中，我在思考边界和规则，在你小小的心灵里，我是不是应该给你一个起码的概念？

我是在长到很大的时候，才慢慢知道，人与人需要遵从同样的规则，又应该彼此间有一定的边界。哪怕亲如父母，也不可以去干涉和破坏这样的规则，比如去涉足子女的婚事，包揽子女的工作和生活。其实，那种爱当中，有一些因素是因为自私，仿佛儿女是自己的私有财产，可以由着自己指使。那么，我得让你从小有对规则和边界的认识。

拖鞋事件的解决方案是，我买了许多好看的拖鞋放在门口，给客人穿，而我、你和爸爸，都有自己的专属拖鞋。

你长大一点，对汽车表现出来浓厚的兴趣，我和爸爸出差，总会去当地的玩具店买一辆汽车送你当礼物，每过一段时间去商店看玩具，也成了我们家的保留节目。去多了，你那个自己也喜欢玩具的爸爸总是要为你买玩具。

也许那个时候，妈妈真的有点吝啬，因为内心中还是有那么一些关于规则的概念在影响我。于是和爸爸约定，不能每次一去玩具店就买玩具，我们可以和你事先约定，今天买一件玩具，或者，今天我们只是去看看，过个眼瘾。我不知道这样做，会不会因此少了一些乐趣，但我希望这样可以建立起我们共同遵守的一些规则。

记得有一次，我们去汇金商厦，你好奇地围着玩具汽车柜台，在那一排汽车旁转来转去，忽然发现有一辆新款的地铁，你目不转睛地盯着那辆地铁的模型，不愿意离开。而偏偏那天出门的时候，我们是说好了就去看看的，所以，你对我说："妈妈，我们不买，我再看一会。"然后你又转到了那辆新的地铁面前，爱不释手。爸爸在一旁看不下去了，悄悄对我说，要不今天就买了吧？我不同意，我说，要买，也等明天来。

估计这件事情，你并不记得了，而我因为纠结，一直记着。

你要知道，妈妈并不是不讲情理，而是觉得承诺和约定的规则应该大过情感，只有这样，才能印在你幼小的心上。就像过马路要走横道线，要绿灯行，红灯停一样，我们想要的自由，应该是规则下的自由，这些观念，不能因为我们彼此相爱就可以去任意破坏。

上学以后，我们约定了回家先做作业再玩耍的规则。我们给你每周玩两个小时电脑游戏的权利，你是在双休日一口气玩两个小时，还是分成四个半个小时玩是你的自由。所以，从小到大，你也玩游戏，但没有沉迷其中，不知道你的那份克制，是不是与我们一直讲究的规则有关？

于是，一直以来，你是个非常看重然诺、懂得遵守规则的孩子，以至让我有了一点担心，担心你的死脑筋会让你遭遇难堪，或者被别人理解为傻。

举个例子讲，初中的时候，你坚持去学校要穿校服，暑假去补课，厚厚的校服也不离身，到了后来，整个班级，就你一个人在穿校服了……本来对你穿什么，我并不介意，但当我看你那么坚持的时候，我有点担心。所以，我开始开导你，暑假补课，是可以有一些例外的，那是在规则之外的时间。而且，从众也是一种心理，变通也是一种能力，何况，妈妈给你买了那么多漂亮的T恤衫，我记得那一次，我甚至搬出外公外婆来劝你。

哎，做妈妈的心思呵，总想面面俱到！

不知道今天这样与你说，你会不会多一点理解。

前年我们去美国自驾游，那里开车的规则是遇到有STOP标志的路口，必须停下三秒再启动，每辆车都遵守这个规则，交通秩序也就自然而然建立了。我们第一天就开始享受遵守规则带来的便利，我当时很感慨，规则面前，人人平等，也许，这个还与从小就养成的意识有关吧。当人们将这些规则看作天经地义，破坏规则被视为不耻的时候，进步就有了保证。

从美国回来，刚开始几天，爸爸看到有车子抢道，总是停下来让人家。后来发现，在上海这样的大都市，在规则和谦让并不盛行的前提下，让下去是没有底的。车太多，不客气的人太多，谦让就意味着永远走不掉。

当一个人的初衷是从自己出发，随心所欲，并认为破坏规则可以带给自己方便和利益，且不会受到惩罚，久而久之，规则对他就成了摆设。

我可以想见裁判大叔对你的不认同。在他看来，早几分钟吹停，孩子们可以不在烈日下奔波，节约下了时间和精力，一天的工作也可以早早完成。没让谁缺什么，无伤大雅，何乐而不为？

与你说这些，不是为他开脱，而是想站在不一样的立场解释一下那种存在的“合理性”。

可是，即便这样，我们内心对规则的那份尊重，我们自己不去破坏规则的态度，还是应该成为我们共同的底线和原则的。

多多，我想在这里告诉你，虽然在电话中，我似乎在为大叔辩护，劝慰你的言语中，有一些世俗的看法，但放下电话，我和你爸爸一致觉得，你做得对。

所以，后来在电话中，你说，你决定放弃后面几天的志愿者裁判工作。首先，几天下来你确实蛮累，当然，更重要的是，有这样糟心的事情让你不想坚持。

“我不想与他们起争执，但我也不想放弃起码的足球规则，那样的话，足球就真的不好玩了。”

我们都很支持，你是因为喜欢去的，还带着学习进步的愿望，现在这种情况下，那么，至少，可以做到不同流，不随行，不做那个破坏规则的大多数。

以后你会知道，这样做，有时候不仅需要一些勇气，还可能要付出一定的代价。但尊重规则，知行合一，我想，虽然有时候并不容易，但内心因此坦然，纯净，这也是一种豁然的处世之道。

写到这里，我不禁觉得，世上的事情，有些时候确实蛮难界定，但我以为，终归是那些尊重规则的人活得更体面些吧。也许破坏规则可以得一时之利，看起来占了点便宜，可长久来说，总是要付出或明或暗的代价吧。

还有，我相信，我们生活的这个社会将变得越来越好，你们这一代人的综合素质肯定更好些，包括你们对规则的更有意识地尊重和遵守。

之后，看到你在朋友圈里继续写道：

裁判员不尊重比赛，就真的没救了。

做人做事，诚信与然诺，依然是最重要最基础的品质，而这两条，其实说的都是坚守底线和规则。

世界不会没救的，因为你们，这个社会一定会进步和美好的。

这一点，我坚信。

裁判的意义

MM，见信好！

我原本决定去市里吹“杯赛”，是因为我把“新生杯”决赛吹崩了，我想找个机会练练水平，长长哨。

那次“新生杯”决赛真是一次可怕的经历。前一天晚上欧冠决赛，我们几个人熬了个通宵，由于这天的“新生杯”决赛是下午四点开球，所以我也并没有太在意，回寝室倒头睡到了中午。下午开球的时候我已经醒了，不过也许熬夜多少影响了我的状态，这场比赛从一开始吹，我就觉得有一些异样。比赛的双方是“星期四晚上踢球吗”队和“FC XJBT 香蕉鞭挞”队。两边的小动作都不少，“香蕉鞭挞”的一名球员，从一开始就频频和我抱怨对方的小动作。一开始的几个小动作我没吹，为了尺度的一致性，所以后来的几个我也没有吹。

天气炎热，等到二十分钟补水的时候，我已经觉得两边都带着火气在踢球了。

我决定吹得严一点，好让他们知道我并不是什么都看不见，吹停比赛或许也有助于缓和一下大家的火气。这也许起到了一点效果，半场结束的时候，我觉得双方的情绪可能已经有所缓和了。

但是，没想到下半场真正把我推向了深渊。

裁判在场上能犯的最糟糕的错误不是看不见，而是误判。据场边大佬描述，我在下半场多次出现了这样的低级错误，而且还都不偏不倚地使得“星期四”成为了受害队。我现在只能根据大佬们的描述来复原事情经过了。因为就我的记忆而言，我只记得下半场开始不久，判了一个有些争议的点球，而且给的是相对来说实力弱一点的“香蕉鞭挞”队，他们因此领先。

然后我就越来越蒙，越来越紧张。“星期四”有好几次在禁区里倒地，我都表示没有点球。后来场边大佬说，那几个球都犯规了，至少也要判一个点球的。场上的气氛越来越诡异，快到伤停补时的时候，“星期四”的前锋又在禁区里被绊倒了。我又表示“没有点球”。球员突然火冒三丈，对我破口大骂。我那个时候大脑一片空白，出示红牌将他罚下后，已经不记得应该怎么恢复比赛。

比赛最后五分钟就是在一片懵然中度过的，最后我又将“香蕉鞭挞”的门将在禁区里的一个冲撞给判错了，使得“星期四”再一次和点球擦肩而过。

最终，“香蕉鞭挞”以2:1的比分夺冠。

比赛一结束，我就遭遇了“星期四”队员潮水般的攻击，大概他们也难以抑制心中的熊熊怒火吧。好在他们队长挡住了其他球员，虽然他也激动，但是一个人总没有一群人来得可怕。我站着听他们批评，不说话，也不敢说话。我本来就已经蒙了，再来这一出，就更加不知所措。

我大概已经明白，这场比赛我的判罚有多么失败，我可能真的毁掉了一场比赛。

我并不是黑哨，也没有故意偏向谁。我觉得我真的是水平不够，才没能完成这场比赛的裁判任务，没能让双方尽兴比赛。

这场比赛对我来说太难了，或者说，我太菜了。

那一段时间，是我加入绿茵协会以来信心最不足的时候。我对自己极其失望，我不断怀疑自己是不是还能够继续吹比赛，是不是真的不行。

我是想吹的，也想把比赛吹好。所以正好市里的“杯赛”征召裁判员，我抱着有机会多练习，还能向市里有经验的裁判请教的想法，报名去了。

吹“杯赛”真是件苦差事。早晨七点就要到比赛现场，场地距离学校较远，不到六点我就得起床。这大概是我进大学以来除了看球起得最早的几次。比赛从早上八点开始，一直到下午五点，四五个裁判员管一块场地，每场比赛两名主裁，一名第四官员，大家轮流。中午没有休息，只能趁其他裁判吹比赛正好自己得闲的时候去吃个饭……

等到吹完一天比赛回到寝室的时候，往往是累得已经不想再挪一步了。但是，第二天还得五点多起床。

所以，你说理解，我大致也知道那些裁判是怎么想的。谁不想早一点回去？不过我还是认为裁判不应该这样做。

我觉得，那几个裁判有点随意了。不仅仅是半场25分钟的比赛十五六分钟就吹停；为了节省时间，他们直接开始比赛，开踢后第四官员核对球员资格；甚至还有一次，一支参赛队没有带参赛卡，不过手机里有参赛卡的照片，几个裁判就假借裁判长的名义说没带参赛卡不能比赛。其实裁判长才没这么说过呢，后来裁判长来了，他们才得以正常踢比赛。

大家平常在一起免不了交流。负责我们那个场地的裁判没事总是要跟我说，这个比赛赛程安排太紧张，不可能踢满半场25分钟，半场有个十六七分钟就够好了。这个问题确实存在，每一场比赛的间隔是一个小时，半场25分钟，中间再休息个5－10分钟，加上赛前点名，时间确实不够，不过我觉得时间不够可以顺延，不能克扣比赛时间。所以每到这个时候我只是说赛程安排是不太合理，他要我16分钟就吹停，我就说好，然后我也不会吹，反正一场两个主裁，另一边的主裁会吹的。

比赛的停止哨没有一场是我吹的。

还有一次，有个一级裁判过来和我们聊天，吹嘘他吹国家 U 系列比赛的经历。我印象特别深刻的是他提到“别给自己找麻烦”，举了一个例子，说如果前锋和门将撞在一起，把门将撞伤了，如果没有犯规，应该是角球的话，你也给个门球，没人会抗议的。我也就只能笑笑，说一些无关痛痒的“不搞事”之类的话。

足球就是我的圣杯，而对他们来说，也许只是个业余爱好，我想，我们对于足球的理解，是有区别的。作为孩子们一年一度的足球盛事，他们可能准备了很久，期待了很久，或许最后只因裁判的早早吹停错失晋级的机会。一场 0:0 的比赛下半场踢到 15 分钟就吹停踢点球了，如果踢满 25 分钟，说不定就有一方会进球呢。这些，对孩子们来说有多么重要。

裁判只是为了解决公平竞赛才添上去的人。裁判在场上仅仅是规则的代言人而已，让两队能够在规则的框架下顺利比赛，才是裁判最有价值的存在。

有一句话说，作为裁判最成功的工作就是比赛结束后，大家都不记得你。让所有人享受比赛大概是裁判的最高境界，做不到的话，至少要保证圆满地让比赛完成。

我从来没有体验过什么叫身心俱疲。以往再累的时候，心里也是怀着希望的。我是新学习的三级裁判，不可能去和那些裁判争辩。我心里又看不惯，又心疼那些孩子们，尽管他们还有骂我的。

那大概是我经历过的最累的几天。真正让我感到心累的是，我觉得才刚刚参与到中国足球的基层比赛中，就看到了这些。最底层的裁判拿比赛当儿戏，队员们也不尊重裁判。我曾吹过满场骂声的比赛，那些还在念中学的孩子们赛后骂起裁判来一点都不含糊。曾经有赛后握手发力打我的，甚至还有怀疑我的挑边币有猫腻的……

不能怪他们，如果裁判都不尊重比赛，不尊重他们，怎么教他们尊重足球呢？

那天发朋友圈，就是在这样的心情下，我看看奥体中心的绿茵场，大家都已经走了，夕阳下空无一人的赛场，忽然显得特别落寞。我的情绪很糟糕，我所热爱的足球，我因为那一场“新生杯”的误判在对自己反思的时候，却看到他们的“熟视无睹”和“无动于衷”，我真怕我会因此陷进去出不来。

我原本应召了七天的比赛，到了第四天时，已经累得不行了，便向裁判长提出请假，不吹了。

不仅仅是因为累才退出的，我怕我还剩下的那点热爱，那点“良知”，就要被这样磨掉了。

我后来一直在想，这样的决定是不是显得懦弱。看到了，却不思改变，只知道退出，最终我眼前的足球还会是那个样子。如果忍一时，或许还有机会去做一点有益的事，去做一点改变。但这个“忍”字，该是要多少的决心在里面！要在这样的环境里坚持初心，又有多难呢！

我只经历了四天，就感觉有人在刀割我的心头挚爱而无法忍受，或许我是不够忍辱负重，可又有多少人能忍受，再去做一点改变呢?

也许，我们的足球振兴路途还遥远吧?

也许，未来，我也会再去努力一下的。

忆：妈妈的拖鞋

“养儿日日新”，早就听说过这句话，但一直到自己有了孩子才能慢慢体会其中的奥妙。

下班回家，才将钥匙插进门锁，心里便盼着这小小的人儿站在门口的丰富表情。有了孩子以后，下班回家变得重要和丰盈起来了，家里有个每天都会搞出许多花样的小小人儿，日子变得特别有滋有味。

果然，他会拿着拖鞋等在那里，欢呼雀跃加上神情专注，一定要看我换好了拖鞋，才满意地回他的玩具角继续玩。

最初的时候，会欣喜于他从不会搞错，爸爸的拖鞋是蓝色的，很大；我那双是粉红色的。听阿姨讲，我们不在时，多多会穿着我的拖鞋满屋子转，但只要我回来，他总会抢在我脱鞋前，把拖鞋送到我的面前。渐渐地，对他送上拖鞋的举动，我习以为常，仿佛一个约定俗成，习惯成自然。

一个休息日，我父母要来家里玩，我和先生赶紧张罗着出去买点菜，打算好好招待他们。多多听说外公外婆要来，特别兴奋，大声嚷着让我一定要买外公最爱吃的糖藕回来。我在门口换鞋的时候，他一边挥手一边关照：“快去快回哦。”逗得我和先生都笑了起来。

回来的时候，才走进门洞，老远就听到多多的哭声。怎么回事？

回家后弄清楚了，我妈妈进门后，顺势穿了我的拖鞋。这下不得了，多多盯住了外婆："这是妈妈的拖鞋。"他跟在外婆后面不停地说，看外婆无动于衷，没打算换下这粉红色的拖鞋，就哭了起来。

我爸爸妈妈无法哄他，但也不想妥协。他们的原则是，孩子是不该太宠的。所以就任他在一旁哭。

"看你们把他宠成什么样子了！"我爸爸见了我就说，"连一双拖鞋也不舍得，太小气了。"听爸爸与我如此这般说，我马上明白了，我小的时候，家里的教育，爸爸是绝对权威，我到现在都还有点怕他。

我看着家里当时的氛围，有点不知所措。本来考虑，客人来是不让他们脱鞋的，包括先生在内，都很反对进门脱鞋的习惯，所以，家里没多备几双拖鞋。

可从内心深处，我又觉得多多没什么错。

那双粉红色的拖鞋，是他每天等着妈妈下班拿给妈妈穿的，忽然就穿到了外婆的脚下，在他看来，当然是外婆穿错了。

孩子眼里的许多秩序，也许就是这样慢慢培养起来的吧。又怎么能怪他呢？

我好言好语地对多多说："外婆和外公是客人，客人来了，我们要把家里最好的东西拿出来招待他们，对吗？你想，你到外公外婆家，他们是不是拿最好吃的东西给你啊？”

“那妈妈回来穿什么呢？”多多问。

“妈妈不是穿着鞋子吗？”

他用一种不明白的眼神看着我，似乎在研究我说的话对不对。

只过了一会儿，他忽然抬起头问我：“那，妈妈，外公是不是也要穿爸爸的拖鞋呢？”

大家都笑了，觉得乖巧如儿子，脑子倒是转得很快，很会转弯。

他可不管，径直走到走廊，拿来那双大大的蓝色拖鞋，放在了外公的脚下。我爸爸看看我，又看看多多，只好弯腰脱鞋，将那双蓝色的拖鞋换上。多多满足地回到了他的玩具角，沉浸到汽车世界中去了。

家里重新恢复了以往的那种快乐，很快，大家就把“拖鞋事件”忘了。

但不知为什么，下班再回到家，当多多向我飞奔过来，送上那双粉色拖鞋时，我总是有些说不出的不舒畅，好像什么东西梗在心头，挥之不去。我有点耿耿于怀，觉得是我，搞乱了多多眼里原有的那点秩序。

几天后，我终于忍不住买回了好几双拖鞋，整整齐齐地放在家里的走廊上。我对多多说，以后有客人来，妈妈买了最好看的拖鞋给他们穿，好吗？

多多高兴地看着那些拖鞋，拼命点头，还一双双试着穿。

面对这个才三岁的小小人儿，我不知道还能怎么告诉他，但在内心中，我真的很想为他逐渐建立一种秩序，让他知道，每个人都应该有属于自己的私人空间，那是不该随意搞乱，也应该得到尊重的。

呵呵，这样的一种情绪，被我的爸爸妈妈知道，肯定要说我矫揉造作了。

忆：一年级小学生

转眼暑假就结束了，多多要当一年级的小学生了。

我这个做妈妈的，似乎比他还紧张。

天天盯着他做作业不说，还要叮嘱他早点睡觉，早点起床！搞得家里的气氛一下子就和以前有了区别，总有剑拔弩张的意味。

多多似乎很不以为然，照样玩他的汽车，折他喜欢的飞机，做功课的时候，还常常跳着写，或者把一个字拆开来写。

其实，刚刚从幼儿园毕业的小孩，思想还浸润在那种玩耍的氛围中，忽然要他做这做那，限时限刻不说，还搞得神情严肃。多多总是用奇怪的眼神看着我，不知道为什么这个暑假我会有这么大的变化。

做完作业的那些空当，他照旧继续他的游戏。我坐在一边看着他，想着快乐时光有可能就此远离了，不禁开始反省。其实，一直用很超然的态度对待他，没有逼他学什么特长，也没有胁迫他做这做那，他的童年始终自由快乐。

本以为可以始终做那个超然的妈妈，没想到，才要读书，就把我弄烦了。

然后，我不断调整自己的心态，我对自己说，其实，对多多来说，这一步已经很不容易了，看妈妈紧张，他内心一定也很紧张。

我开始说上学的快乐，说知识对他以后生活的重要。

晚上睡觉前，我们照例谈谈话，我告诉他我读书时候的许多故事，一年级时的事情，我闹过的笑话，我考过的好成绩和坏成绩……反正，我极力淡化前一段时间给他的紧张气氛，为他描绘一幅美好的蓝图。

可是，这是没用的。

上学第一天回来，在和多多的对话中我发现，他依然手足无措，依然会遇到一些小小的麻烦。

他们的教室是一人一个座位，椅子有靠背，也许是我和他说起过我小时候上课背要笔挺的坐法，他也就那样做了。于是挨了老师的骂，老师问他为什么不靠在后面呢？

然后是举手发言，老师的规矩是举右手，可多多举了左手，又挨了骂。

听他说这些的时候，我只是表示同情地朝他笑笑，有些规矩或许没什么道理可说，但如果老师觉得有必要，就必须遵守。

没办法，我不可能代替他去过每一天的日子。

而且，我记忆中也有很多这样的无奈！

小学一年级，他要开始学会自己承担，自己面对一段很长的学生生涯，而这些小小的挫折，实在是其中微不足道的部分。

真希望多多的成绩好一点，那样他就可以少很多责难。

我避开了话题，与他说起了当一个小学生的快乐和骄傲。

我想，成长中他需要很多经验和教训，也许我只要做到默默地看着他、祝福他就可以了。

忆：校服

说来好笑，关于校服，本来不该在这里披露的。

暑假开始，天气日渐炎热，多多却还要上课。他们的竞赛班，总是在暑假开始的时候，加一段课。

他这次先是跳一级去初二跟着读了十天，看他穿着质地有点厚的夏季校服，总怕他热，几次问他，都暑假了，可不可以不穿校服呢？私下里，因为买了许多好看的夏季T恤，想看到他穿上后英俊的模样。

“不可以！”回答不仅干脆，而且他还戴好了校徽和红领巾。与平时去学校一样的打扮，充满某种仪式感。

有一次，我去学校接他，到早了，坐在车里观察，发现从校门口走出来的学生中穿校服是大多数。想着儿子愿意遵守校规，又是从众，不再多语。

初二的补习结束，7月15日开始，初一补习。天气越来越热，心里想着那些短袖纯棉的T恤，很希望他可以换下那厚厚的校服。几次想说，还是忍住了，我想通了，既然校服大家都穿，随他吧。

朋友的孩子也在那个补习班，没穿校服，朋友说，他们骗他，说暑假去学校，穿校服太显眼了，还是不穿的好，她儿子便听了。

拿这个告诉多多，多多笑说：“这样蹩脚的说辞，已经不可能骗到我了。”

他依然很认真地穿了校服去学校。我觉得自己的耿耿于怀或许只是因为做妈妈的虚荣心，孩子愿意守规矩，总是件好事情。也就释怀了。

结果，第一天回来，他告诉我，初一比初二的学生差多了，算上他居然只有四个人穿校服。

“暑假嘛，与平时上学还是有一点区别的，不用这么认真。”我一边安慰他，一边在心里偷笑，也许从众心理的驱使，接下去他会有所改变吧。

第二天早上，我悄悄将T恤和短裤放在最显眼的地方。

很有意思，结果听他爸爸说，早上多多犹豫再三，还是翻了校服穿。

回来后问他，今天有几个穿校服呢？

答，就他一个！

我心里暗笑，想着这下你该改变一下了吧，天这么热，短衣短裤多轻松！

他依然坚定：别人都错了，难道就要跟着错？去学校就是应该穿校服的！

为什么那么多的同学不穿呢？

这个我不管！

你怎么这么固执呢？校服本身，穿也罢不穿也罢，都不是问题，妈妈可以随你，但如果你觉得这个是原则，是不是有点死脑筋呢？

从小教他遵守规矩，以为没有规矩，无以成方圆。但变通呢，随和呢？心里一直有些害怕，在这个社会立足，是不是需要一点圆滑和世故？可能正因为内心中这些担忧，让我对穿不穿校服这样的小事情别扭起来。

一天路上，我忍不住和他争辩起来。

后来正好去他外公外婆家，就叫来外公、外婆继续和多多理论。

外公是先赞成他，觉得他守规矩，然后说，其实没必要如此较真，和大家一样也很重要。

外婆更逗，说人家肯定以为你没衣服穿，只有校服，好可怜；接着又说，如果你一直穿，不是容易坏吗？那么到时候人家还有校服穿，你就没有了呀！

我希望他在一些不算大是大非的问题上，随缘一点，变通一点，也许算是一种人生经验。

结果很好，第二天，他穿上了精神的蓝白条子的T恤。给他买的那些漂亮的夏季衣服，终于有了用武之地。

私下想，是不是我有点虚荣？呵呵，好像还不至于！

补课结束有些时日了，今天想起来写下这些，算做他成长中的一点花絮吧。

话题七：情与爱的力量

关键词：

真诚待人

珍惜友情

守护亲情

恰同学少年

亲爱的多多，你好。

大雪的节气一过，年就在眼前了。

每年到了这个时候，聚会就多了起来，公司的年会之外，还有很多的同学聚会。特别是到了妈妈这个年纪，小学的、中学的、大学的同学，都渐渐得空了，聚会的时光，就是开怀的时候，常常笑得忘记了年龄，然后彼此感慨，人这一生，有许多值得珍惜的东西，其中，友情是最值得珍视的。

学生时代保持下来的友情，纯粹，不功利，青涩中含着一些珍贵，浪漫中挥洒着无悔，真的是无价之宝。

我和 LEI 就是这样。

前天中午，她开着车带我去虹桥，据说那里开了家新饭店，有一道菜特别好吃。

一路上，听她说着自己的忙碌和精彩，女儿想去美国念高中，功课、补习排得没有一点空隙，无奈她只好做好专职司机，真是好久没有美食没有聊天了。

你一定听我说过LEI，我们从高中开始同学，至今有许多年的友情了。她是那种对生活永远充满信心的人，可以将每一天都过得精彩丰富，很时尚地买许多衣服、化妆品和各种新鲜玩意。当然，现在，她开始帮16岁的女儿打扮了，她会带着女儿度假，每天开着车，在女儿的学校、培训班和家之间忙碌，稍有空，就去美容、减肥，找空闲带着我们尝美食。

我的关于美食的很多记忆和经验，都与她有关。

记得那时她怀孕了，吃不够，我呢，因为很长一段时间吃不胖，所以我们一起吃了很多美食……在优雅的环境中享受美食，实在是一件开心的事情，而每次的交谈中，还可以彼此欣赏。

我总是羡慕LEI的潇洒和舍得，还有，呵护女儿的尽心尽力；她呢，也会回过头来羡慕我已经开始的准空巢生活，羡慕我去别处出差带回来的趣闻，包括我家到单位的距离，也是她羡慕的理由。

两个人就这样彼此羡慕，彼此欣赏，吃饭的当口，时间就走得特别快。

与同学约会的时光里，美食尝了，牢骚发了，玩笑说了，到了临别的时候，心情舒畅，激情满格。

想来，每个人的生活，一定都有别人羡慕的地方，也有自己感觉无奈的地方。朋友之间，彼此放大了对方的优势，再安慰一下那些不如意，于是，烦恼疲惫的生活就可以有勇气继续下去了。

大概，只有真正的朋友之间，才有如此功效吧。道别的时候，我们或许都在期待下一次的约会了。有时候想想，长长的学生时代，可以结识几个真正的好友，实在是人生中的乐事。

于是，在这个岁末时分，想起了很多少年时代的往事。

我小的时候，别说网络了，电话也是稀罕物。我们的交往和交流，多是通过“鸿雁传情”。

是的，你没看错。你大概无法想象，不过二十年前，在我成长起来的年代，写信是很重要的诉说衷肠和交际的手段。

花几个晚上写一封信，然后迫切地等待一封回信，还有拆开信时的那种期待，都曾经是沉淀在我内心中的幸福时刻。

我还珍藏着许多朋友、同学的来信，就像珍藏心爱的宝贝一样。虽然不一定会拿出来看，但它们在那里，我就觉得很安心。

那些信，标志着许多美好的时刻，和许多见面说不出来的暖心话。

我和我的闺蜜颖，就曾经有过这样的通信往来。

最初因为住得近，放了学总不愿意回家，就你到我家，我去你家，然后再你送我，我送你的，两个人在路上有说不完的悄悄话；后来，距离远了，还是可以推自行车，在两家之间走来走去，一直到天完全黑了，才很舍不得地分开——现在想起来，我还会觉得感动。

女孩子的友谊，单纯且笃定，真的让彼此的岁月充满美好的回忆。

再后来，读了不一样的学校，见面少了，就开始写信。哪怕住在同一个城市，周末有机会见面聊天，还要把说不完的话，写在信里交给对方。

亲爱的多多，你们这一代，可以说是网络的原住民，日常生活都交给了网络，只要一个手机、一根网线，就可以遨游天下了。通信手段发达了，手机里的一个微信，电脑里的一个电邮地址，似乎就可以将全世界连接成一个地球村。可是，发信息的当口，没有表情，没有语气，更不会有诚挚以待的情绪感染，人与人之间，还是需要见到了，嘻哈了，聚餐了，才能感受到发自内心的愉悦。

过去照亮未来。我想到了这句话。

很有意思，虽然时光过去了那么多年，大家的秉性却没有怎么变，很容易就回到了那个界面，那个仿佛才刚刚认识、可以毫无顾忌随便说笑随意玩笑的时刻，这感觉特别奇特，也特别舒畅；可以少年不知愁滋味地抒怀，可以一个眼神一杯薄酒便彼此懂得彼此祝福，那种很多年保存下来的友情，那一刻就荡漾在我们周围，久久不散。

人生若只如初见，知道这个世界上，还有很多朋友认识你，想着你，惦记你，因为想见一面才聚在一起吃饭聊天，感动会渐渐膨胀。那是最无忧无虑的年代结下的友谊，多好！

那是一种关乎心灵的碰撞和交流，是快乐的时候可以分享彼此，感伤的时刻可以分担忧愁的情谊，是为了闺蜜、哥们可以义无反顾地挥洒付出的情分。

妈妈的朋友中，有从小学保留至今的闺蜜，也有大学情趣相投的老友，还有因为一件事的缘分相处至今的朋友。一年里总要聚几次，单纯为了友情吃饭聊天，海阔天空，互相羡慕或彼此安慰，然后就又有了面对未来的勇气。

这样的时光，忘记了年龄，忘记了烦恼，在日复一日单调忙碌的生活中，真是一剂难得的良药。

亲爱的多多，人生有这样的朋友真是弥足珍贵。

我不知道男孩子之间的友情会怎样保持，我只能告诉你我的经验。

长大以后，生活中，工作中，常常会遭遇烦恼，遇到麻烦，有的时候甚至会被人中伤，遭人妒忌，这样的时候，家庭之外，朋友是最坚强的后盾。不需要理由，也没有什么不好意思，你就可以一个电话打给对方，寻求安慰。像儿时那样，纯粹为了倾诉和谈心走到一起。

那么，亲爱的多多，去珍惜那些在你生命中出现的值得好好对待的友情吧。人生这条路，一路走来，欢畅的时候，友情是可以欣赏和祝福彼此的；遭遇挫折，遇到感伤时，友情可以轻轻陪在一边，为你疗伤。

友情，特别是同学少年间的无邪的友情，实在是生命中一种特别的力量。

CPS 的故事

MM，见信好！

关于友情，我的理解，总是要有共同的爱好和志趣，或者，可以一起做一点有趣的事情。

所以这个话题，让我想起高中三年的学习生涯中，一个 CPS 项目。

CPS 其实是一项我们中学每个人都要完成，却不一定每个人都喜欢的活动。作为素质教育的一部分，学校要求每名学生要组队完成一项 CPS 项目，CPS 的全称是创意（Creativity）、实践（Practice）、服务（Service）。听上去很高大上的一个活动，我相信，作为素质教育，它的初衷应该也确实是希望我们有创意地进行志愿者的服务活动。

可是，高中的学业那么忙，大多数同学就都敷衍了事。比如随便参与一个志愿服务，或者组织一次狂欢夜活动。我本来可能也会如此了事。但一次偶然的机会，却促成了一个后来被大家记住的难得聚合。

学校系统中报项目的截止日期到来的时候，我和同班的两位同学还不知道做个什么样的活动才符合要求。于是，我们花了十几分钟“绞尽脑汁”后，提交了一个叫“改变校园一点点”的方案。那时不过想，在校园里做的任何志愿服务，都可以叫这样的名字。

方案提交之后，希望寻找机会做出改变的念头常常萦绕在我们的脑海里。有一次，大家一起去食堂吃饭，谈到食堂卖的饮料，那里的冰红茶和奶茶，又贵又单一，选择太少。而近在咫尺的罗森超市的冰红茶比它便宜两毛钱，我们开玩笑说，去罗森把冰红茶买来，放在食堂门口卖，准能把食堂卖饮料的窗口搞垮。大家都觉得是玩笑话，我心里却一个激灵，觉得这样的想法未尝不可。

于是，我找两个小伙伴合计，一拍即合。我们恰巧还有一个 CPS 的题目，主意一个个冒了出来。

按照 CPS 的要求，我们的项目是不可以盈利的，于是我们联系了学生会一个关爱留守儿童的项目，约定把我们的盈利部分全部捐给他们，首先就把这个活动变成了一个募捐义卖活动；然后，我们决定不与食堂抢生意，我们卖的饮料中不包含冰红茶，我们卖可乐、雪碧之类学校食堂没有的饮料，落脚点放在为同学们提供更多的选择；再次，因为我们的时间有限，我们决定把摊位设定为“无人自助”，饮料放在小桌板上，边上是一个空的铁盒子，顾客自己放钱，自己取货。我们因此在方案里写上一条：“测试和培养同学的诚信意识。”

我们仨当场写好了活动细则，做了分工，迫不及待地开始了“高大上”的卖饮料之旅。

本来想去网上批发饮料的，浏览了半天，觉得那个批发量太大不说，运输也是个大问题。

贪图省事，我们向班里同学借来大家平常搬家当的旅行箱，带到学校边上的一家大超市，装满一箱一箱的饮料拖回来。

现在想起来，每次去“搬”饮料都是一次“劫难”。如果说世界上还有什么比一整个旅行箱的饮料更沉，大概就只有轮子坏了之后的那个旅行箱了。饮料重得压坏了轮子，把那个箱子搬回教室几乎用尽了我们全部的力气。

午饭前的一次课间休息时，我们提前把小桌板搬到食堂门口，摆上饮料和装零钱的铁盒子，再在盒子里预先扔上一些硬币——为了大家找零方便，也为了看上去已经有人买过了。在小桌板上支上我们画的海报，一切看起来像模像样。

尽管海报上写明了是自助服务，但是第一天中午我们哪里可能放心，就站在摊位边向大家宣传和介绍，顺便推销饮料。

我们卖的价格应该说是极其便宜的，因为原本也没有想要盈利，又考虑到大家付款方便，所以饮料我们都卖两块钱一罐。其实买来的时候，一箱六听的可乐或雪碧就要十一块多，有的甚至十二块多。从这个意义上讲，我们几乎就是饮料的搬运工。

几天之后，大家熟悉了，我们也就真正让摊位自助起来了。不过我心里还是放不下，因此每次总是选在食堂门口最靠近摊位的位置，慢慢悠悠地吃午饭。一边吃一边透过窗户观望来买饮料的同学。有时候老师也来买，或是保安，都在我的悄悄注视下放钱，取货。

大家对我们的活动褒贬不一。或许因为这活动是从未尝试过的吧。我听到了不少嘲笑的声音，对我们的 CPS 嗤之以鼻——不就是小商贩嘛。

过了一周，生意越来越好。我们因此加大了进货量，新增了三元的品种，有瓶装的可乐、雪碧，还有椰奶、咖啡什么的。自助的模式也越来越成型，我们只需要每天饭点过后数钱就可以了。不过数钱可不是件容易事。盒子里尽是些一角的硬币，大家好像特别乐意把一角的硬币往我们的钱盒子里扔，所以等到我们数钱数到手抽筋的时候，大概也就区区百八十块而已。

我们并没有发现少付钱的情况。偶尔少了一瓶两瓶的钱，很快会有同学找到我们班里来补上，学校确实是一个摆这样的“诚信摊”的好地方。

到了第三周的时候，已经有越来越多的同学习惯在午饭的时候自助买饮料了。不过由于即将期中考试，我们仨不再有闲时去进货、数钱，所以 CPS 也在坚持了三周之后宣告收官。从结果来看，大家的评价还是积极的，销量也不错，总共六百块出头的盈利，我们也如约捐给了关爱留守儿童的项目。

之后，不少同学想念食堂门口的那个摊位。我们小组的成员也由此缔结了牢不可破的友谊。大家都在当时的QQ空间留下了难忘的镜头和文字，那几个星期的欢愉和被关注，一直留在我的脑海里。

今天想来，可以在中学的校园做这样一件“惊天动地”的事，可见学校还是挺给学生自由的；后来学校的CPS评奖时，我觉得像我们这样别致的项目总该要拿个奖的。

评奖就要做展示，要有一个面向全校同学的汇报。一方面，我本就不太擅长做展示，另一方面，我当时觉得，我们的这个活动，根本不用费劲再做展示，我们已经在食堂的门口展示了三个星期，因此我就一个人单口，配合一个PPT讲。有些CPS项目，做得很一般，却费了很多力气做展示，排了一个多人演出的小品，我有些不以为然。

然而，结果却是，人家拿了个大奖，我们的CPS最后只得了个单项奖。可能因为我的展示太没水准了吧，有点对不起我的两位小伙伴。

直到今天，当我们仨聚会的时候，食堂前的自助摊位，还是我们非常爱说的话题。我们的友情也因此有了更进一步的发展，我想，这就足够了。

爱的功课

亲爱的多多，你好！

昨天是腊八节，半夜忽然惊醒，一阵咳嗽，看看时间，才凌晨三点多，关了灯继续睡，却是折腾了好一会，就是睡不着。

以为是因为前段时间出差受了风寒，咳嗽所致，在安静的黑夜中，特别清醒地挨到了早晨。未想，一早上班便得知，就在昨晚，我的老外婆在睡梦中仙逝了，走完了她101岁的人间历程，飞向了天堂。

坐在办公室里，有那么几分钟，我感觉整个人缓不过来，不知道自己身在何处，也想不明白，为什么人终有一死。我站起来，看看窗外，天气不错，我望望天，老外婆远行的日子，阳光灿烂，虽是冬季，有温暖的太阳陪伴，外婆应该不会太冷吧。

仍然不相信会是真的。我打开电脑，去翻我们一起的照片，看到一张我、妈妈和外婆三个人的合影。照片里，我们都笑得那么灿烂。那是一次聚会，那个时候，外婆是我们的开心果，有她在，大家的胃口都好。我努力去想那些欢乐的镜头，想在脑海里留住外婆的笑脸。

其实，我小的时候，一直叫外婆“好阿婆”的，等到她过了80岁，你出生了，她升级做了太婆，我才开始叫她老外婆。看她总是乐呵呵的，永远喜欢热闹，那么爱护我们，我们都当她是老宝贝、老祖宗。那些日子，如今永远过去了吗？

隆冬季节，我泡一杯茶，坐定，没办法看稿子了，我索性放下工作，心里全是外婆的样子。

想起曾经与外婆相处的点点滴滴。

外婆是上世纪三十年代的大学生，做过翻译，写过小说，在她那个时代，算是女中豪杰。我一直觉得，我的基因中，一定有外婆的遗传，冥冥之中，有个声音让我选择了和外婆一样做个编辑，她曾经在《收获》和《上海文学》等杂志做过编辑，这样的家学，会印进那时还很小的我的脑海里吧。

而在这里，我想告诉你，外婆带给我们这个家庭很多很多爱。

我小的时候，曾经有一段在外婆家度过的时光。那时候，我念小学，弟弟生病在家，而爸爸要外出几个月，家里没人照顾。外婆知道了，就让我们一家都搬到她家，妈妈得以继续工作，我转学去了外婆家附近的小学，读了一个学期。

那个家真是热闹啊，我们一家，加上阿姨和外婆他们，就已经有六七个人了。平时，邻居会来串门，朋友会来聊天，大家都知道，504 永远欢迎客人的到来，是一个可以不打招呼就能跑去热闹的地方。我小时候的记忆里，那里真的充满了欢声和笑语。

有一个外婆的家，可以随时出入，有一个无需理由就爱着你的外婆，我小时候觉得理所当然。她操心我们每一个，真的像是我们家的老祖宗。谁过生日了，谁生病了，谁的工作不顺利，谁有了好事情，都是她关心的，她知道怎么帮我们解决难题，怎么将开心的事情传播出去。而我们沐浴其中，常常以为一切都那么理所应当。

记得你还在我肚子里的时候，出了状况，外婆知道了，托人找医生问情况，为我的剖腹产做好准备，还专门跑到医院来看我，告诉我一定没事的。

外婆那时已经 80 岁了，你出生还没满月，她就跑到我坐月子的婆婆家来看你，很高兴自己升级成了太婆。那时候，她患了青光眼，已经看不太清了。她爱听你爽快的哭声，说那是肺活量大的表现，好养；也喜欢摸着你的光头，说虎头虎脑的，聪明。

每年一到节日，我们都会去 504 看望外婆，她总是特别高兴，找出一个个话题来和我们唠叨，每当我们要起身告别，她就又说起一个话题，用你无法拒绝的口吻，叫你坐下再说几句。于是，我们就这样，在一个个节日中，陪着外婆，把里里外外的新鲜事情都说了一遍。外婆的记忆力真是惊人，后来她的眼睛愈来愈差了，却还可以记住我的手机号，用手摸着电话表盘上的数字打电话给我，她也记得每个孩子的生日，张罗着帮他们过生日。

当然，我们这个大家庭最重要的事情，就是外婆的生日了。

我想，你一定记得，每年过完正月十五，我们就开始张罗外婆的生日了。她也是乐呵呵地关心去哪里吃饭，并且事先会为你们这一辈的孩子准备好红包，还要我们都穿得喜气洋洋的。这样的聚会，从她过了 80 岁几乎每年都会过一次，一直持续了很多年，成为我们家顶重要的生日派对，也成了我们一大家子的习惯。外婆很喜欢这样的热闹，每次还会做个开场白，讲许多感谢大家的话。

因为有她在，我们的身后就有一堵可以倚靠的墙，每年一大家子就一定会因她而聚，从她身上汲取力量，也因为她可以想见我们的未来。

一直到最近一两年，她走不动了坐不住了，你们这一辈也都外出求学，离开上海了，聚会才没有以前热闹……

亲爱的多多，我写下这些，不是仅仅想回忆那些日子，还想告诉你，在那些有外婆的日子里，在我们那么幸福地享受着外婆的呵护和唠叨的日子里，我一直都没有意识到，她有一天是会离开的，更没有意识到，其实，外婆带给我们那么多值得学习的品质。

她晚年的时候，眼睛基本看不见了，但她依然很乐观，凡事都往好的地方想。有一次，她手骨折了，我们去看她，她乐呵呵地说，很快会好的，已经比上个星期好很多了。不用我们安慰，她自己就先看到了光明的未来。我一直在想，这样一种豁达的心态，大概是她长寿的重要原因之一吧。

还有最重要的一条，就是内心充满爱与感恩。

是的，我现在相信，爱的能力是需要学习的，无条件地对别人好，为别人着想，其实并不是那么容易的；而内心充满感恩，才会满足于生活的赐予。这些，外婆在的时候，我以为它们就在那里，那么自然，那么理所应当。现在想想，其实，这些，也许正是一个历经沧桑的老人才能习得的品德吧！好在，外婆是我们的榜样，她已经将这些美好的品德和爱的光芒传递给了我们。

今晚的夜空，月亮很亮，我努力寻找星星的痕迹。我想，外婆会变成其中的一颗，在那里俯视着我们，继续关照着我们的生活吧。

而我们，则要像《寻梦环游记》里描写的那样，记得她，怀念她，沿袭她的乐观与坚韧，爱心与温暖，让美好继续下去。

一支牙刷

亲爱的多多，你好！

从北京出差回来，家里很安静，你不在家，家的氛围就是不一样。

想到很快又可以聚在一起，我忽然有点坐不住了。望望窗外，我站起来走进你的小房间去看看——冬天的厚被子已经放在床上了，但你的毛衣还没有拿出来呢；你的小房间，也该好好打扫一下了；还有，你爱吃的菜，该去买一点放冰箱了。

我索性撸起袖子，说干就干，也许，人动起来了，思绪会少一些。

一边打扫房间，一边想想我们在一起的日子，心里开始有了期盼，眼睛里的每一个角落，也就有了你的身影。

盥洗室的梳妆台上，你的漱口杯空着，我从抽屉里拿出一支新的牙刷。拆包装纸的时候，我的手忽然停住了，我怔怔地看着那塑料外壳的包装，脑海里闪过很多年前的一个镜头，也是在这个台盆上，就在爸爸用的漱口杯的边上，曾经竖过一支外包装完好的牙刷。

你一定还记得吧。

那牙刷，是有一年的父亲节，你买来送给爸爸的礼物。

爸爸看我对着一支牙刷发呆，走了过来。估计他一定也想起了什么，但他没说，我也没说。

“先不拆吧，拆了遭灰。”像是征求他的意见，又像是自言自语。

我将这支裹着透明塑料外壳的牙刷，放进了你的漱口杯里。

这情景似曾相见。

亲爱的多多，那一刹那，我仿佛回到了那年六月。

父亲节那天，家里盥洗室的台盆上，恭恭敬敬地立着一支包装很好的牙刷——包装是进口，平时我可不舍得买的那种。

那是你送给爸爸的父亲节礼物之一。

爸爸自然受宠若惊，于是就把这牙刷立在了那里，天天看着，却不舍得用。

这事情过去快十年了吧。那年六月的一个周六，也就是父亲节的前一天，你是拉着我帮你做参谋，下楼去为爸爸选礼物的。

那几年，生日之外，母亲节父亲节正流行。早几天，你就开始从那个胖胖的小猪储蓄罐里抠出零花钱来了。

与你一起坐电梯下楼的时候，我看着你，难得你有心，我看在眼里，心里一大半是骄傲，一小半是酸溜溜。我有点吃你爸爸的醋，心想，早父亲节一个月的母亲节，你怎么就没想到送我一份礼物呢？

还没出电梯，我忍不住问：“为什么母亲节在前，你就没想到送妈妈点东西呢？”

你当时“切”了一声，说了个很充足的理由：“谁让你母亲节那天不在上海，你不是出差去了吗？”

我哑然，无话可说。

“你知足吧，生日的时候，我不是给过你礼物吗？爸爸生日那天，正好围棋比赛，我就忘记了，所以才叫你陪我今天去补。”

我朝你点头，微笑，是呀，儿子能想到妈妈的生日，我应该知足。

确实，我收到了你送的生日礼物。

那天，快到家的时候，你要我在超市门口等你，还说，不许偷看。等你出了超市手上却捧一包薯条，而书包鼓鼓的，我觉得其中有什么秘密。

于是，我吃到了你买给我的第一份生日礼物，一包薯条，还收到了另一样生日礼物，一包洗衣粉。

我们去了拐角的超市。你告诉我，本来是想帮爸爸买全四张《哈利·波特》碟片的，可是，等了很久，一直没能买到。

超市并不大，你一样样地看着，那副认真的样子，至今我还记得。

爸爸牙刷坏得快，所以，你站在一排牙刷前，仔细比较，想买一把耐用些的，然后挑了其中最贵的；你又走到里面，胸有成竹地拿了一盒牙签。可以看出，给爸爸买什么父亲节礼物，你事先已经周到地考虑过他的需要了。两样东西拿在手上，你还觉得不过瘾，问我："爸爸那么喜欢汽车，我再给他买一本汽车杂志吧。"

说是我做你的参谋，其实，你是需要我做个见证。

接着，你拿着这些礼物去柜台结账，从口袋里摸出一把硬币交给收银阿姨。最后，你拿出一元钱，满意地笑着对我说："这个，奖励你。"

我不客气地收下这一元硬币，摸了下你的头。可爱的多多，你那天的举动，让我们感受满满的幸福。

于是，这把牙刷，就立在了盥洗室的台盆边，这一立，就是两个月。

那两个月里，眼看着爸爸那把旧牙刷的毛都翻卷起来了，我好几次忍不住提醒他："可以换了吧？"

他总是回答："舍不得。"

那一刻，我笑他，然后会把你叫到盥洗室，让你知道爸爸的舍不得，我们就一起笑，一起乐。知道自己的用心被爸爸这样地珍藏，想来也是快乐的。

那年暑假，家里的氛围特别好。一天晚上，我在客厅听到卧室传来的你们父子俩爽朗的笑声，内心会荡起一串涟漪——有这些爱的包围，家才是家。

当我们在给予你爱的时候，我们也从你的身上获得了爱的回应。这支牙刷，也就因此有了它特别的意义。

家庭中的爱，大概就是这样传递和延伸的吧。

我还想到了另外一件小事。

那是我陪你去学围棋的路上发生的。

记得春节刚过，朋友带来一件滑雪衣送你，正好冬天还有个尾巴，我兴冲冲地要你试穿，最好晚上穿着去邱老师家。

可是，你不愿意。这一点，你和爸爸简直一模一样，对穿什么没要求，不喜欢变化。说了几次，你无动于衷，我只能赌气说，随便你。

随便的结果，就是你仍然穿着原来的衣服出了家门。

出门后我开始生气，因为你不听话，或者说，我的兴冲冲遭遇了你的无所谓。这个让我情绪低落，一路上，我一句话也不说，你立马感觉到了。

你不断看看我，然后问："妈妈，你怎么了？"

"没什么。"我仍然不说话，因为不穿新衣服就生气，我知道自己没道理，可是，情绪还转不过来。

过马路的时候，你勾住了我的臂弯，过去了也没放手，然后，你说："妈妈，我知道你为什么不说话，这样吧，明天我就穿新衣服。”

我继续生气：“无所谓，你不穿就不穿。”

你说：“新衣服很好的，我也想给同学看看的。”

那种态度，让我忍俊不禁，我没有办法再生气，而且老实说，我觉得有点难为情，居然要儿子来哄我。

我收拾好自己的心情，重新与你有说有笑，快到邱老师家的时候，我问：“你是不是觉得，这个妈妈也太容易生气了，为了一件衣服，有病哦。”

你笑了：“确实有一点，”然后又说，“所以我哄哄你呀。”

“哄我？”亲爱的多多，真的谢谢你，让妈妈偶尔要一点小脾气，还可以得到你的疼爱，真好。后来很多时候，我的脑海中总是闪回那天路上你的表现，内心充满欢喜。

教科书上对情商的定义，有一句说，可以设身处地站在对方的角度考虑问题，这个，其实挺难的，特别对你们这些独生子女来说。

我看到过很多例子，聪明、自信、独立的孩子，往往容易以自我为中心，不知道感恩，不懂得考虑他人的存在。我的理解，这个真的不能怪他们，在他们从小到大的生活中、环境里，他们一直是中心，没有人告诉过他们，别人的付出，别人的情绪，别人对你的好，哪怕是家人对你的好，都是付出，不是理所当然。而爱，是需要互相传递的。

也许，未来，当聪明能干的你们一起工作一起向前冲的时候，能力已经不在话下的时候，你们需要的，更多可能是同理心，这样才能想到合作方和同事的需求，可以考虑周全。

而这些，天生之外，更需要后天在成长的过程中慢慢习得吧。

好在我们这个大家庭中，彼此间身教也好，言传也罢，让你成了那个懂得替别人着想，懂得感恩的孩子。

话题八：足球与人生

关键词：

人生追求

男人的世界

父亲的力量

足球是圆的

亲爱的多多，你好！

当我写这封信的时候，你和爸爸就坐在隔壁的客厅看球，是亚冠恒大主场与上港的比赛。两个星期前，你的大学同好从武汉赶到上海，你当东道主，请他去八万人体育场看了上港主场与恒大的比赛，回来后那个爽啊！你告诉我，0:4，上港大胜，仿佛已经可以猜到今天这场的结果了。

整个看球的时间里，听不到你和爸爸的呼喊声，反倒是一声声轻叹。我知道，上港肯定情况不妙。我出来倒茶，瞄一眼比分，0:2 了，再出来时，已经 0:3 了。

“是不是上港危险了？”我问。

看你捏着拳头，我端着茶杯在你边上坐下来。

88 分钟，还是 0:3，马上要 90 分钟了，你们在期待伤停补时的时间短一点。

“5 分钟，还好，还好。”你说。

就在这个时候，恒大瞅住一个机会，又进了一个球，4:0！

只看到恒大的赛场一片沸腾的红色，电视画面里，所有人都在欢呼。双方扯平了，要加时赛 30 分钟定胜负。

“足球真的是圆的。”这是我的第一反应。

“防守，上港只知道防守，把大把大把的进攻机会都让给了对方，这球踢得太不好看了。”你说得有些无奈。

两个小时前，你和爸爸急着打发了晚饭，打算好好看这一场球赛。而且，从你们的言谈中，我知道，有上一场上港的那种气势，你们的期待里，这场比赛应该不那么难踢。

我不懂足球，但看着比分，似乎又可以从中悟出些什么。

气势，运气，教练意图，加上一些技巧，这些，说起来好像都只是战术，但到了现场，它们居然会相辅相成，哪怕我这个不懂球的局外人，坐在一边偶尔看一眼，也可以感觉到绿茵场上，哪一个球队的气场大一些。

想起你曾经与我说过，你喜欢的足球和围棋很像，至简的规则，却有无数的可能性，好玩。

你最初喜欢上足球，应该是高中吧。

高中你住读了，寝室里有几个一样喜欢足球的同学，下午放学后到晚饭前的那一段时间，你们总是可以找到同好，一起在操场上拼搏一场。

当然，我知道还有一个原因，你就读的那个高中理科班的孩子们实在太牛了，从初中成绩排名的顶端落下，心理的调适其实是另一种功课。当你被虐得太压抑的时候，你告诉我，在操场上踢球的那两个小时，可以什么也不想，是减压的最好办法——常常是一场球赛结束，一身大汗跑去冲一个热水澡，所有的沮丧就都冲没了，又可以信心百倍地面对之后的学习了。

就这样，三年的高中生涯，你收获了一所满意大学的同时，还收获了一个新的爱好，你对足球的那份兴趣与日俱增，到了痴迷的地步。

你成了阿森纳的铁杆球迷。当然，欧洲球队中你还喜欢拜仁和 AC 米兰。有意思的是，这几个球队的主场衣服都是红色的。原谅妈妈对足球的认识，最初只是从衣服的颜色来判断。

我那时出差，你要的礼物变成了球衣；有一年爸爸去德国出差，你说，你想要一件拜仁的号码衣，害得爸爸好一阵寻找，终于给你带回来一件印着 11 号的球衣；我在之后去巴西和英国时，也会留心为你买你喜欢球队的球衣。

但说心里话，一直到今年暑假，我们有时间攀谈起足球，听你侃侃而谈，我才对你的这一爱好有所了解。

而在这之前，恕我直言，足球给我最初的印象，居然是很容易受伤。

你高中班里的双胞胎兄弟，总是因为足球骨折，这让我也常常会为你担心。然后，去年，你在紫荆操场踢球时真的就伤了筋骨，那天接到你的这个电话，我立刻想到电视里申花外援登巴巴断腿的画面，这让我对足球蒙上了一层阴影。那几个星期，当想到你一步步挪着步子走下楼梯去医院拍片子的情景，想到你说“骑车还可以，可以用另一只脚带着车轮，比走路轻松”，我的心会一紧，顺便就又对足球有了一些“埋怨”。

知道你加入了大学的绿茵协会，你去考了三级裁判证，去年寒假你钻研编程的书自己编了个小程序，就为了方便“马杯赛”的微信战报……也曾经，我在操场边看过你们的比赛，寒冷的深秋，你和小伙伴们穿着薄薄的运动服，奔跑着，说笑着，煞有介事地指挥着，欢欣着；球赛结束了，你们也舍不得散开，围在一起，继续分析刚刚的比赛，那份沉浸，让我没有办法说不。

北京冬天的雾霾，也是叫我心里打紧的另一条理由。

安慰自己的是，紫荆操场上大大的字写着：“为祖国健康工作五十年。”我对自己说，满操场跑，对身体好。未来你们在拼智商的同时，其实也是需要拼体力的。

这样才能让我纠结少一些。我索性离开电脑，坐在你和爸爸旁边，陪你们看球。我想离你的兴趣更近一些。

加赛的那 30 分钟，依然分不出伯仲，最后进入了点球大战。

恒大在点球的时候丢了一个球。上港赢了。

我以为你会开心，而你的表情很平淡，你说：“这球踢得太不漂亮了，只知道死守，一点足球精神都没有。没劲。”

听到你说“精神”，我来了兴趣。

忽然很想了解一下你喜欢的足球和你心中理解的足球，想知道它那么吸引你的理由。

那天晚上，趁着你谈兴正浓，我放下写到一半的信，钻到你的房间，继续我们的晚上时光。我们聊了很多关于足球的事情，我忽然对你有些刮目相看。

原来，你对足球的理解，远远超过了我的想象。而且，你的梦想那么大。

我们是从你喜欢的阿森纳聊起的。

“怎么会喜欢阿森纳的？”

“我高中的时候，阿森纳踢得还真不错，它是一支能踢出很漂亮阵势的球队，在球场上配合打得特别好看。所以，那时候我们班里许多同学都喜欢阿森纳，我也就跟着喜欢上了，没有什么特别的理由。”

“特别好看？”

“对，就是说，一场球赛是有灵魂的。球员知道怎么踢，团队可以配合默契，然后，球不仅可以一直控制在自己队员的脚下，而且还可以互相一边跑，一边传，几个回合，球就被几个队员传到了球门前，特别有艺术感。”你一边说，一边做着手势，“很纯粹！阿森纳踢球，永远不会因为1:0就开始守，他们是完全遵从足球精神的一支球队。会感知球场的氛围，始终让球迷为他们痴迷、激动；不过，阿森纳的精神属性很差，一旦感觉不好，或者丢了一个球，就马上气馁了，经常就差那么一口气，然后，输球。”

“精神属性？”

“对，其实他们的技能和素质都不错，而且也蛮拼的，但是，就是经常最后差一点点，然后输。大家就会说，阿森纳能这样已经挺好了，他们是站着死的，很不容易的。不过，这一点真的很可贵。不像有些球队，为了比分，就把一场足球硬生生地变成了一点不好看的死守磨洋工。人家踢球就是踢球，纯粹、干净。脑子里没有其他多余的想法。”

“我有点明白了，你喜欢的是球员沉浸其中，用他们的职业精神带给球迷的那份激动和兴奋？”

“对啊，这才是足球的魅力。输赢有什么大不了的。”

“阿森纳正好符合这样的审美，你就喜欢上了。”

“你既然那么喜欢阿森纳，那天帮你买衣服时，你为什么这么犹豫？”

我说的是上个星期的一个晚上，我“吵”着要你陪我出去走走。其实，我是忽然想念过去那些有你陪我逛街的日子。你应允了，我们骑着小黄车去了天山路商业街，我心里想要拉你逛一下休闲运动城，买一件你心仪的衣服。你呢，觉得我好奇怪，说好是陪我出来，当然应该看我喜欢的衣服，怎么又扯到了你？

闲逛到彪马柜台，居然就看到了阿森纳的队服，是上一季客场的，还在打折。

我知道你喜欢，就怂恿着要你试一试。那些球队，对我来说很陌生。但每次外出，总是要了你喜欢的球服的照片，依样画葫芦地买回一两件，于是，就认识了那些个队服的标志和颜色。

“买吧，妈妈出钱。客场黄色的你没有，你的都是主场红色的，再说，这件有领子，很别致！价格也不贵。”

我当然知道，我说的都不在点上。

你犹豫着：“我已经有不止一件阿森纳的衣服了，不用太多的。”

看你客气，我更是起劲：“去试试看，好就买。正好打折，划算的。”

就这样，鼓动再三，我们买下了这件客场的球衣。

见我提起这事情，你笑了。

“老妈你还挺纠结的哦。”你说，“喜欢是喜欢，但那件是上一赛季的，而且，我本来想，如果再收集队服，我就要有号码的。”

“可是，我上次帮你从欧洲带来的那件红色的，不是现在也过季了吗？”

“但你带来的时候是当季的呀。”你说。我觉得蛮好笑的，理科生还真是蛮轴的。

“那你也不用和别人说，你买的时候已经过季了呀。是不是因为阿森纳现在表现一般，所以你兴趣减了？”我们继续回到阿森纳这个话题上。

“不会的。其实，这一段时间，阿森纳的表现还不错，就是你不可以指望他，你一开始指望了，他就会输。你看着，接下来一场打切尔西，估计又危险了。”

“足球是圆的嘛。”我说。

你笑着说：“对呀。输赢本来就很难估计的。这样的球，才好看。我高中的时候，还买过那种两元钱的足彩，现在不会买了。”

“为什么？你这么懂球，不是可以试试运气？”我问。

“没意思，买了，看球就不爽了。老是惦记输赢，关注点就不一样了。而且，其实，也不可能赢什么钱的。就像你说的，足球最不可能预先猜到结果，倒把自己的情绪带到了沟里去，估计以后我也不会再买。看球，还是那句话，只要感受到现场的气氛就好。所以说，我喜欢看阿森纳，就是喜欢他们的足球精神。我给你看，网上有许多关于阿森纳的鸡汤。”

你拿出手机，翻找着。

然后读给我听：

“生活就像阿森纳，当我们觉得自己的生活没有任何希望和前途的时候，忍耐和坚持的力量就为我们推开了光明的那扇门。”

“很有哲理。”

……

正说着，你的手机叮咚了一下，你拿起手机，一边看，一边笑。

“恒大与上港的球迷又开始掐了，你看，有意思吗，整天骂来骂去的，懂球帝社区的体验越来越差了。”

你告诉我，你原本喜欢的懂球帝，是一个很小的网上社区，大家都很客气，很文明，非常理性地聊着足球，没有人飙脏话，只要有人对掐，就会被关号，大家真的就是来聊球的，简单、舒坦，后来，它慢慢做大了，就变得很吵了……

“人家也需要赚钱，抓人眼球，培养粉丝吧，否则怎么活？”

“是呀，我想过，如果我去做，我宁可保证社区的精品纯度，给球迷的体验好一些。不要后来做成了与其他一些社区没有什么差别的大杂烩。你知道吗？当初，懂球帝放第一条广告的时候，我们都是非常支持的，说，让它放吧，让它活下去。可见那个时候，大家是多么喜欢啊。”

我看着你，感觉很熟悉，又有一点陌生。

这个晚上的对话，基本都是你在展开，我是那个好奇的听众。本来以为你只是单纯地喜欢看球，玩球，没想到，其实在你的心中，足球还是你梦想的一部分，在未来，还可能有新的展开。

你告诉我关于你们学校绿茵协会的故事，你怎么会去考了裁判证，你们在学校“马杯赛”和新生赛上的摸索。还有，当我们谈起徐根宝的时候，你佩服之外，对他花那么多时间，对那么小的孩子进行封闭训练有你的想法。你说，国外俱乐部的足球训练方式有蛮多的优势，你觉得或许比我们的青训有更广阔的前景……

这个晚上，我们在足球的世界里飞驰，你对足球的见地和远大理想，那么多，那么有趣，说心里话，我的脑子跟不上你的语速，但我觉得挺骄傲的。没想到，面对兴趣，你会钻研投入得那么深，我想，一个愿意花时间去搞清楚事情来龙去脉的人，一个为了兴趣愿意深入和思考的人，其实是最幸福的！

妈妈很想继续那天晚上的谈话，听你更多地谈谈你所理解的足球，以及足球带给你的变化。

你有时间与我好好说说吗？

等你的回信。

我的圣杯

MM，见信好！

说到足球，请允许我激情一次。用一种特别的格式给你写这一封信。

10.

伊涅斯塔进球了。这是在比赛的第 116 分钟。

我很失望。大概橙色的“郁金香”终究是绽放不到最后了。不久前，罗本还有一个绝好的单刀机会，不过被圣卡西神勇封出。这时候，荷兰队却落后了。足球就是这样变幻莫测，风云突变从来没有什么前兆。

无冕之王的帽子最终也没能摘掉，世界杯对于西班牙队来说实至名归。可是那时，我支持荷兰队。

也许就从那时，我开始体会到足球中那种冥冥之中无以言说的东西。西班牙队有无数的拥趸，有对比赛强大的控制力，我却对他们提不起一点兴趣，我觉得那种中场传递无聊而又枯燥。相反，我喜欢荷兰队的全攻全守，激情澎湃，喜欢看边路小飞侠一路带球突破，内切射门。

2010 年的世界杯之前，我没看过足球。我不知道荷兰队是怎么成为我支持的球队的，我也不记得，为什么会喜欢罗本。大概，那种感觉就是一见钟情。

9.

于是逢人问我，你是哪个俱乐部的球迷，我会说我是拜仁球迷。因为我知道罗本在拜仁踢球。其实对于彼时的“伪球迷”的我来说，拜仁有哪些球员，联赛里有些什么对手，还一概不知的。

并且，世界杯后新晋的这位拜仁“伪球迷”并没打算去看拜仁的任何一场比赛，唯一能体现我是“拜仁球迷”的，就是每次打 FIFA 游戏，我都会开一个拜仁的档，一场一场地踢下去。

那一年的世界杯并没让我变成一名球迷，却先让我成了 FIFA 游戏的粉丝。

通过游戏，我认识了更多的球员，更确切一点，更多的年轻球员。游戏里年轻球员的能力值总是会不断地上涨，而老球员的能力值则会一直下跌。因此，我总是要把队里的老球员卖了，然后买一堆小年轻，看着他们逐渐成长为球队的中流砥柱。

那版游戏里最有潜力的一个年轻人叫做马里奥·格策，我幻想着有一天他在现实中也必成大器。构建一支宇宙队只是FIFA游戏乐趣的一部分，操控球员们踢球才是更多乐趣的来源。

我一直梦想着要踢出一些绝妙的配合来，最好是四五个人连续一脚出球把球最后传到空门里。不过这实在太难了，有时能打出一个踢墙二过二，就足够让我得意一阵。

光看游戏里的球员踢球，难免自己也脚痒。可那时上初二、初三，学校里也没有足球场，学业也忙，所以我最多也就自己在家里踢一个小皮球，拿凳子腿当作球门。

每每都搞得家里一片狼藉，还要被你们说上一顿，我自己也觉得不过瘾。

8.

等到上了高中，新的学校终于有了足球场。

高中寄宿，下午下课到晚自习之间，正是踢球的好时机。

我完全就是菜鸟，之前没怎么踢过球，也没球鞋，每次去踢都站在中后卫的位置。一方面，大概是其他更靠前的位置都有人了，另一方面，大概因为我觉得中后卫简单，球来了一脚蒙出去就行，并不太考验技术。

也常常踢空、踢疵，技术不到家，失误就是家常便饭，但是每次在场上总要显得这是一个偶然的失误，一边喊“我的，我的”，一边做一个抱头遗憾的样子。

球踢得多了，自然更想看球。适逢那一年拜仁在海因克斯的带领下欧冠两回合 7:0 完胜巴萨，又在决赛中凭借罗本的绝杀一举夺魁，成就了三冠王的伟业。一想到我是一名拜仁球迷，就不由得骄傲得意起来。那一年格策也在漫天的骂声中转投拜仁，我却非常兴奋，觉得这就是德国队未来十年的中场核心。

我决定开始看拜仁的比赛。

7.

足球比赛原来是这样地让人血脉偾张。

我一直以为自己是一个极其理智的人，以为没有什么能够把我点燃，没想到一个进球就足以做到这一点。从来没有什么曾让我感到如此兴奋，让我能够在那一瞬间忘记一切，用尽全身的力量为之呐喊。

我享受这瞬间的幸福，并且感到难以置信。

也许，这种感觉就叫相见恨晚。

足球成了我们茶余饭后的谈资。我们班有好几个阿森纳的球迷，因此我有时会去关注一下阿森纳的比赛，好为自己增加一点聊天的材料。我并不看直播，只是看看集锦，却为之震撼。

那是阿森纳对阵诺维奇的比赛，威尔希尔、罗西基、吉鲁三个人形成连续穿插和一脚出球，最后吉鲁一个风骚的外脚背弹球，威尔希尔鬼魅地推射破门。这好像就是我之前打 FIFA 时梦寐以求的进球方式。原来还真有能踢出如此华丽的足球的球队！几周后，罗西基又打进了一个同样精彩的进球，而这个时候，我已经是一名“枪迷”了。我觉得阿森纳的足球就是足球本该有的样子。

足球开始成为我生活的一部分，成为我的喜怒哀乐。我会因为阿森纳赢下北伦敦德比而愉悦，也会为拜仁欧冠惨败皇马而苦恼许久。当你看到我越来越兴奋的时候，可能是因为，世界杯又要来了。

6.

足球是世界第一运动，而世界杯是足球运动的第一盛事。我早就满怀期待了。只不过这时候我没有选择忠于四年前的那个决定，我变成了一名德国队的球迷。

足球世界的移情别恋总是被人看不起的，只有忠诚才为人歌颂——托蒂永远都会得到掌声，而格策回到威斯特法伦球场得到的就只有漫天的嘘声。所以，也许我要为自己苍白地辩解一下，我是因荷兰队而爱上罗本，因罗本而爱上拜仁，因拜仁而喜欢上了更多的德国球员。

或者其实也不尽然，因为支持德国队是我真正开始看球之后做出的决定，之前那个“伪球迷”的决定被颠覆根本不足为奇。

所以，2014 年的世界杯应该是我看球以来的第一届世界杯。

我兴奋无比。早在五月的时候，我的课桌里就有了一叠白纸，每一张纸上写一个国家队的名字，然后按照场上的位置划分成不同的区域，每一区域里写的是这个位置可能入选国家队的人选，还有我查 FIFA 游戏和 FM 游戏获得的能力值。我会自己查资料分析谁更可能入选国家队。

就好像我是国家队的主帅一样，只不过我要“兼任”十几个国家队的主帅。其中，我最关心的还是德国队。我缠着你一定要买一件德国队的队服，记得你买回来的那天是“六一”儿童节，我感到无比高兴，觉得那是你送我的礼物中最珍爱的一件。我那时候就坚信，胸前的三星会变成四星（每一颗星，代表获得一次世界杯的冠军。）。

世界杯的比赛在六月中旬开始了。我还在学校，寝室里没有 WiFi 网络，而且也恰逢期末考试。不过对我来说，这都不算困难，我订了好几个 500MB 的流量包，早上四点爬起来看德国队和葡萄牙队的比赛，然后八点去参加期末考试。那时候的手机还只有 3G 的信号，也就勉强能看不怎么流畅的直播，常常要卡一卡，不过哪怕是从卡顿的画面里，我也能感受到足球迸发出的那种激情。

终于考完回家，有电视，没考试。

于是，白天睡觉，晚上看球。

德国队一路过关斩将闯入决赛，对手是有着梅西和其他一众天才攻击手的阿根廷队。决赛总是会让球队略微保守一些。于是和四年前一样，常规时间0:0，加时。第113分钟，许尔勒左路传中，替补克洛泽出场的格策胸部停球，凌空卧射，皮球从罗梅罗的手边划过，进入球门。

我从沙发上跳起来，振臂欢呼。那个我相信终成大器的人成了德国人的英雄。德国队凭借着这个进球夺下了大力神杯。这一年，格策只有22岁。我想，这应该就是格策球王生涯的开始。

5.

世界杯那个暑假的过去，意味着我高三生活的到来。

我一直觉得高三是索然无味的，不过就是一味地重复、重复、重复。这样的生活实在没有什么兴奋点，除了足球。

对我来说，高三的日子好像都是在期盼五点自习结束去踢球中度过的。球场上的那一小时，应该是一天里最有趣的一小时。然后踢完球，匆匆去罗森超市买一个饭团，一边上晚自习一边啃，习以为常。

手机给了我更多的可能。流量虽然很贵，但是拿来填补生活的无聊，大概也值得。我一开始是看集锦，后来看英超、德甲的直播，有时候甚至也看中超。有一次期中考试刚过，我们几个同学相约半夜起来看欧冠的马德里德比。四五个人围在我的小手机边上，看着“小豌豆”为皇马送出致命一击。

半夜，寝室、厕所中传出美凌格埃尔南德斯的欢呼声，那是高三时最快乐的声音。

4.

高考结束的铃声是散场的钟声。一起踢球、看球的哥们就此各奔东西。不过我想，总会有新认识的人填上的，哪里都不会缺少球迷吧。等到我在大学寝室里兴奋地用电脑打开足球直播，不用再费手机流量看着小屏幕的时候，却发现找不到人和我一起看球了。

大学远比我想象的忙。我曾想过天天去踢球，事实上根本无法做到。我水平太差，不好意思混到踢野球的人中扮演“神坑”的角色，再加上确实没有这么多时间，因此我所有的足球活动就只有和系队一起训练和踢友谊赛而已。

这也是很少的，一两周才一回。遇到“马杯”临近的时候，才会多训练几次。每次训练我几乎都去。有人会觉得训练无聊，不过对我来说，只要和足球打交道的事情就都是有趣的，所以训练时我也会不惜体力。训练的最后是比赛，往往会以我抽筋而收场。

一个人看球是孤独的。特别是当你看到精彩之处，忍不住大喊大叫起来的时候，室友和你说“轻一点”。我知道他们无法理解足球的美妙，但我也知道我可能确实影响了他们的生活。所以我只能压抑下来，把怒吼放到心里。

我总觉得男生都该是看球的。平时的联赛也许不看，到了欧洲杯、世界杯的时候，应该没有不看的。欧洲杯快要来了，我问室友，你们看不看。他们说，不看。

3.

所以，我们寝室一共三个人，只有一个人支持德国队。

西班牙队曾在之前连续拿下了世界杯和欧洲杯，我觉得，德国队也行。也有很多人看好法国、西班牙、比利时、意大利……欧洲的强队和南美的强队有着显著的不同。阿根廷也许只要一个马拉多纳就能支撑全场，而欧洲却很少有这样的超级球星，他们更多靠整体，更让人看出足球是一项集体的运动。因此，除了 C 罗的粉丝，很少有人看好葡萄牙夺得欧洲杯。

我也不相信葡萄牙能夺冠，因为我相信冠军会是德国队。但是半决赛里，“小猪”施魏因斯泰格高扬起的手臂断送了德国队的前程。我并不怪“小猪”，足球世界里总是充满了偶然。德国队的输球也不该让他背锅，他们只是遇到了最好的格列兹曼和最好的法国队，并且恰巧自己又不在状态。

所有人都觉得法国队会在家门口夺冠，从实力上讲，法国队要强一些。

所以，当看到一路扛着葡萄牙进入决赛的 C 罗受伤坐在地上，飞蛾亲吻他的鼻梁时，我感到心酸。这些超级英雄式的人物或许终究还是要功亏一篑，他已经足够努力，这时候却无法再为国征战了。如果葡萄牙在决赛里失去C罗，大概也就失去冠军了。

可是后来，法国队吉尼亚克的射门不偏不倚打中了立柱，而名不见经传的埃德尔帮助葡萄牙一脚定乾坤。葡萄牙赢得了欧洲杯的冠军，这像是一个奇迹。

2.

虽然我看球的日子不长，却已经见证了足球世界中太多激动人心的奇迹时刻：莱斯特城获得2015－2016赛季的英超冠军；莱万在九分钟内打进五球帮助拜仁逆转沃尔夫斯堡；巴萨在客场0:4落后大巴黎的情况下主场6:1完成大逆转；沙尔克在鲁尔区德比中从0:4落后到4:4扳平……久远的“伊斯坦布尔奇迹”我只是听说，但这些在眼前发生的故事着实让我感到震撼。

我觉得足球的魅力就在于此。你永远无法预料下一刻会发生什么，以弱胜强在足球世界里并不鲜见，不可能的事情往往就会发生。当足球进入网窝的那一刻，你会明白，它发生了。这是多么了不起，你会由衷地为之动容，为之呐喊。

那像是一个原本遥不可及的梦想，你看着它一步一步实现，你被激励，被鼓舞，你感受到的是无尽的力量。

1.

足球总是带给人无限的激情。当格策胸部停球凌空卧射的时候；当拉莫斯 92 分 48 秒顶入绝杀进球的时候；当埃德尔的远射蹿入网窝的时候；当吉鲁蝎子摆尾完成普斯卡什神作的时候；当罗贝托垫入巴萨主场的第六粒进球的时候……多少人为之欢呼雀跃，又有多少人黯然神伤。

我透过直播能听到球场里数万球迷迸发出的巨大能量，我在屏幕前也和他们一样，足球在这一刻就意味着全世界。

利物浦的传奇主帅香克利曾言："足球无关生死，足球高于生死。"

它是一场没有硝烟的战争，它是一场难以预测的游戏。你永远也不知道下一刻会发生什么。就像我想不到基米希半年之间横空出世，也想不到格策后来伤伤停停，泯然众人。

期待未知，也许正是足球的乐趣所在。

我会一直期待，等着为下一个进球欢呼。

父亲的重要性

亲爱的多多，你好！

当我们在聊你的成长，聊你的学习、你的爱好、你的运动和我们一起的快乐时光时，当我在这一封封信里，似乎有意无意地说着我的种种用心和呵护的时候，你注意到了吗？其实，我经常用的那个词，叫做“我们”。

那个“我们”，是很明确地指向我和你爸爸。

一个家，三个人，是一个稳固的三角形，真的是，缺一不可的。

而且，我心里明白，在陪伴你长大的那些日子里，爸爸给予你的，是更多也更理性的爱。

也许他的表达与我不一样，不会整天挂在嘴边说爱你，但他是个思想派兼行动派，这一点，我看在眼里，铭记在心里。

所以，这一封信，让我们一起说一说你的爸爸。

我想说的，是爸爸这个角色在一个孩子成长中不可或缺的位置和作用。

这不是一句空话，是有道理和依据的。如果刚柔并济、兼容并蓄、阴阳平衡，都是在说一种理念和态度的话，恰好也是在说男女在考虑问题、交流评判和面对事情时的不同角度和做法。

而这些，在家庭成员相伴成长的过程中，都是非常需要的。就好比我和爸爸的配合与互补，我们总是殊途同归的思考方法，我们面对同一目标的不同做法，正好给了你对世界和社会的更多认识，也让你可以兼续我们俩的优势。

你还小的时候，爸爸可是比现在忙多了，除了本职工作的采访、摄影和杂志编辑外，他还在外面兼职，为我们的小家添砖加瓦贡献他的力量。最忙的时候，他一大早赶往电台做早新闻的特约编辑，然后去上班，下班了还要在“好孩子”网站做频道主管……

又印证了我说的“任何经历都是财富”那句话。

那个“好孩子”网站，是新世纪初互联网才出现时就孕育而生的原创育儿网站。或许正是这段经历，让他接触了许多育儿理念和心理学家的学说，这些专业知识为他后来编辑一套育儿类的图书奠定了基础。而更重要的是，在对你的教育问题上，他从一开始就有了清晰的思路和观念的支持。

你的那间小房间，没有放更多的家具，却被一溜的挂图和地图占据了整个墙面，这就是爸爸的主意。

如果把一个刚出生的孩子形容为一张白纸，那么如何在上面画最美的图，就是一件不能马虎的事情。听说读写，是一个循序渐进慢慢习得的过程，在这个过程中，建立规则，营造氛围，让你每天目力所及都是美好快乐的真实存在，久而久之，结果就会不一样。

还有，幼儿期的孩子，需要开发两种能力：想象力和记忆力；需要激发两个心：好奇心和耐心；还需要帮他养成一些好的习惯，比如生活的习惯和阅读的习惯等等。

而这些，需要在宽松愉快的环境中去发展，独立、自信、专注、创造等能力，是孩子未来学习其他技能必备的素质基础。这是蒙氏教育法的核心，如何在日常中运用自如，需要我们的智慧。

爸爸是买玩具的主力，我一直笑他，一定是小时候自己没玩过那些玩具，就拿儿子当挡箭牌，满足自己童年时代的缺失。从地图拼板到遥控汽车，还有那些眼花缭乱的变形金刚和积木，以及组合拼装的乐高和电子组件……我眼前至今还有你们俩坐在客厅的地板上，一起玩玩具的画面，可惜那时候没有智能手机，没能将这些场景留下来。

关于记忆力，那首 88 句的《琵琶行》和你 6 岁开始的围棋，肯定是起了重要作用的。

阅读习惯和学习习惯的养成，又是一个长长的过程，在你还小的时候，身教的作用，一定也很关键。我们家，看书读报，或者在电脑前忙着码字，是你小时候经常看到的场景。身教，就是你看在眼里，便会跟着学样吧。

这让我想起静安区教育局下属的家庭阅读指导中心的父子阅读联盟，里面有许多爸爸参与，还真的会带给孩子不一样的对阅读的理解，对一个孩子的成长，应该是有很多好处的。

爸爸是个很有节奏和秩序感的人，他按部就班，一以贯之，像闹钟一样准时。

送早，以及后来送你去围棋班和数学业余学校上课，他是绝对的主力。从一开始骑着电动车送你，到后来开车送你，风雨无阻。其实，这多半考验的是家长的毅力和耐心。

我见过许多学琴学棋学绘画学跳舞的孩子，常常半途而废，家长对此的理由，是孩子不喜欢了，就不强求了。其实，叫我说来，对孩子兴趣和爱好的培养，最初的时候，考验的是父母的坚持和恒心。

对孩子来说，他未必会在第一时间就喜欢上围棋和钢琴，在那个漫长的培养兴趣和情感的过程中，每一次的陪伴，都是父母的坚持。这当中，不仅会遭遇风雪的天气，还会遭遇考级的失败、工作的冲突和心情的沮丧等等，义无反顾地按部就班，功劳真的不小。

爸爸相信，脑筋越动越灵，思维是需要后天训练的。所以，他主张让你做小老师，要你在把学到的东西传递给我们的过程中，更多地动脑动手。这个，算是一种技巧吧，让你在做小老师的自豪中，学会了整理学习的思路和原理的逻辑，还同时学会了表达。

爸爸和我还有一个共同的认识——身体是本钱。

你生出来的时候很瘦弱，一直到进了幼儿园，身体素质还很一般，过敏性体质经常会困扰我们。一个健康体魄的形成，除了在饮食上给你更多营养，锻炼也很重要。

好在，暑假，爸爸有大把的时间陪你。于是，他教会了你骑自行车，教会了你游泳和长跑，以及其他运动上的本事。小学的时候，有一年暑假，爸爸带你学长跑，每天一大早拖你起床，带你去凯桥绿地跑步，一路告诉你，长跑的时候该如何吐气，如何吸气，如何掌握节奏，有韵律地行进。你们俩会从家门口出发，沿着凯桥绿地跑上几大圈，然后绕回到法华镇路上，休息一会，在那里的一个早餐摊头，喝上一大碗豆花，吃大饼包子油条……

长跑后来成了你的保留项目，小学、中学一直到大学，参加学校的运动会，你都会报名；长跑，也为你后来喜欢上足球，奠定了身体的基本素质吧。

还有游泳，我们没有请一对一的教练，爸爸和你一对一，就让你学会了在水里畅游。

你慢慢壮了，身体素质也提升了，爸爸的功劳是大大的。

游戏和动漫，是你们共同的爱好，这些需要心手合一、协调性和灵敏度的事情，我可是一点点也做不好，正好爸爸可以与你并肩作战。

他读的书与我读的书有很大的差别，对世界对社会的看法比较理性和包容，当我们在饭桌上讨论一些问题的时候，就会有感性和理性的交锋，会有宏观和微观的不同。我觉得，这也正是男人和女人的不一样，正好给了你不同的看待事情的角度。

每次你生病，我总是主张吃点药在家静养休息，而且乐观地觉得很快就会好起来；你爸爸偏偏是那个悲观的，担心时间拖长，会对你不利，坚决要带你去医院，然后过几天，熬不过他的坚持，我们去医院配药打针，然后你的病就好起来了。他觉得他的功劳大，我觉得不过是时间到了，我们都很快乐地接受你终于好起来的事实，他继续做他的悲观者，担心和做好对未来的很多准备；我继续当一个乐观者，对没有发生的事情不屑一顾……

当然，我们在很多关键的时刻步调一致。

我们享受每一次外出度假的快乐。只要有时间，我们总是喜欢一起陪你去培训，陪你去考试，陪你经历每一个关键的时刻，以我们不一样的祝福，给你充满信心的鼓励。

记得爸爸说起过，你拿到心仪大学录取通知的那一刻，你和爸爸互撞前胸，以男人的方式表示庆贺，我听到的时候，很感动，而我，只会紧紧地抱住你。

这林林总总的叙述中，你大概也感受到了，在你成长的背后那个最重要的保障，是爱。爸爸和我，我们以各自不同的方式，表达我们对彼此的爱。

这二十多年的岁月，正是因为有爱，才达成了一种非常难得的默契。有时候想想，人与人间的这种默契，很有意思，许多的时刻，表达其实都是不经意的，它们却在那里，我们彼此的心中可以感受到。

寒假来临，你已经在返程的高铁上了。而家里，也为你回来做好了准备，爸爸已经将冰箱塞满了，里面全是你爱吃的东西。

你的小房间里，床上的被子晒香了，被我占领的书桌也整理干净了。

等你归来的这几个小时里，我忍不住给你写下上面这些。

就此打住，爸爸已经在催我启程了，我们马上就可以见面啦！

话题九：旅行去，建立与世界的关系

关键词：

行万里路

看世界

寻找心灵家园

行万里路

亲爱的多多，你好!

九月这季节，上海刚刚入秋，北京的天气如果没有雾霾，也是秋高气爽，而漠河，已经是深秋的样子了。

给你写这封信的时候，我们的车正在大兴安岭广袤的土地上飞驰，我的心情特别晴朗，很想将旅行中的所思所想赶紧传递给你。

还记得吗？我们是同一天离开家的。你要回学校开始大三新学期的生活；而我，很难得有了一次去北方采风的机会，去的是中国的最北端——漠河的北极村。

准备这一段旅程时，我表现出来的期待，让你和爸爸有些惊讶：一个经常出差的人，何以如此大惊小怪?

你们不知道，在心里，我把这个9月，这次采风，看作一次转身，也许，对我来说，是一个崭新的开始。

确实，经常出差，习以为常，有的时候，爸爸都不想知道我去哪里，什么时候回来，反正呀，这几年，我总是在路上，自己都以为这样的日子，是一种工作中的常态。

可是，这一次，不一样。

以前也开笔会，与儿童文学作家一起出来，研讨和行走，但那时候我多半是编辑的身份，一路上多了责任与牵挂；这一次，我转换了身份，只做那个看风景的作者，我觉得自己蛮适应的，看看书，看看风景，一路张望，一路心思，心无旁骛，好像一下子回到了刚上班时候的那份自在中。

我们先去了哈尔滨，然后，又坐了小飞机来看漠河，感受北方的风土人情，看“鸡冠之巅”的秋色，一路天马行空。作家们在一起，任何话题都会生发联想，发出感慨和想象，采风的意义，就是在身心放松的时候，体味从内心中流淌出来的感悟和心有灵犀。

在哈尔滨的两天里，我们去了松花江边。还是秋天，江边的风不小，围巾被风吹得飘起来，远处有鸟儿在飞。我一边和同去的老师聊着天，一边不断想起《松花江上》耳熟能详的旋律，从小就一直唱的这首歌里的松花江，原来是这样的。这感觉很奇妙，比单纯看风景，更觉得亲切，或者说，会有更强烈的画面感，似乎一下子就入耳入心。

也是这一天，我们驱车去了萧红的故乡，去看她笔下写到的那个故乡的院落。

很神奇，与书里的文字相遇，心尖会有被触动的颤音。

你曾经在书中读到的文字，你想象中那个爷爷的后花园，和你眼睛里望见的那小小一方园子，终于在这一天契合在一起了。

《呼兰河传》中，“我”和爷爷的感情与相处，在我少年的阅读记忆中，是一抹最温暖的亮色。那方爷爷的后花园，曾经种下过许多的玫瑰花，“我”悄悄摘下插在了爷爷的草帽上，那顶草帽，可是爷爷最喜欢的，于是，爷爷戴着草帽，一路走一路说“今年的雨水大了，花香可以传得更远呢”……在我的脑海里，和蔼的爷爷和那个后花园，是颇有些神秘和神圣的。

我一个人慢慢离开人群，转到屋后，想尽快找到那一方园子。

沿着低矮的冬青树朝前走，终于发现了那个小小的后院。原来它是那么小，那么不起眼，如果不是后院的中间立着一尊雕塑，我大概会忽略了它。雕塑上，正是戴着草帽的爷爷和年幼的女孩萧红，就在看到他们的那一刹那，我想象着他们一路走进前面的堂屋，忍不住湿润了眼睛。

这一方后花园，这个小女孩萧红童年里安全放心玩耍的地方，这个有爷爷呵护的港湾，原来不需要多大的呀，也不需要多么丰饶，而对于小小年纪的萧红来说，就已经足够了。

我立在那里，为女作家萧红的童年记忆感怀良久……

一路看那个保存得完好的故居，房间里的设施，花园和小道，耳边会响起一些细碎的声音，仿佛一下子走进了半个多世纪的风雨中，我沿着小说中写的那些场景一路走着，忽然就会想起萧红说：“奶奶走了，而我变得更聪明了。”

这一刻，我仿佛看到那个小女孩走出家门口，朝前走着，看到更大的院子，更多的花盆，走到河边，想象着世界的宽广；脑海里还会忽然闪过电影《黄金时代》的一些画面，搅动起心中的感慨，想到这样一个弱女子与命运的抗争，心里会有一点难过。

这些年，去过许多故居，感念却各不相同，有的不过是风景，有的却与内心中珍藏着的一些文字相互照应，起了波澜。那个上午，我在萧红故居外的广场上坐着，想着这里曾经发生过的故事，故事里的人儿，那些半个多世纪以前的往事，如今已然物是人非。我再抬头看看周围的人们，他们仿佛一切都没有发生过似的生活着。“鸟儿早已飞过，天空却没有留下任何痕迹。”这样想着的时候，心里会有一种莫名的疼痛，为萧红留下的文字疼痛，也为她的命运疼痛。

原来古人说的“读万卷书，行万里路”，其中奥妙，就是这样的遇见吧，以及遇见之后心被磕疼的感觉吧。

这感觉在我的心里藏了好几天，不知道该怎么表达。

汽车在大兴安岭的土地上奔跑着，眼前是一片深深浅浅的金黄色。图片中见得再多，也比不上亲眼一见。旅行就是这样，深深浅浅，每一种，滋味不同，感受不一样，但都值得留恋。

有的时候，旅行就是和风景邂逅，感受非同一般的美好；有的时候，旅行会带来更多的感悟，让你发现曾经藏在心里的某一扇门被悄然打开……

想起我曾经做过的一本书：《英伦童话地图》。

大概十几年前的事情了。那个时候，你还在念小学，我记得那本书的校样，还是在陪你学围棋的几次空当里，躲在昏黄的咖啡馆里读完的。

当时就很佩服作者张弘，她去英国留学一年，就带回了这么一本“旅行文学”书：九个我们从小就喜欢的英国经典童话的渊源故事。那些童话故事里的主人公、故事的写作者，都与英国的草草木木，那片永远笼罩着雾气、充满神秘的英格兰大地，有着千丝万缕的联系；故事的写作者，正是在沐浴着英伦大地的阳光，感受着乡村特有的英式气息中，滋生了那些奇妙独特的童话人物，创作出被后人颂扬的经典美文。

比如那个可爱的爱丽丝，居然与伦敦边上的牛津有某种瓜葛。《爱丽丝漫游奇遇记》的作者刘易斯·卡罗尔曾经就在牛津大学的基督堂学院担任数学讲师，不知道是不是牛津的风土人情养育了他的浪漫，才会有了这么无厘头的离奇故事；而小熊维尼的百亩森林和在湖区随处可见的彼得兔，已经幻化成了一种真实的存在，当你走进一家小店，或者走过一片森林和湖区，一抬眼，就会看到那个可爱的小熊维尼在朝着你笑，看到它们一家围在一起的热闹场面；伦敦的肯辛顿公园里，有彼得·潘的雕像，巴里当初就是在穿越肯辛顿公园的时候，被孩子们玩耍的游戏启发了灵感，才有了永远长不大的彼得·潘和那个让我们向往的永无乡……

当时阅读校样的时候，我还没有去过英国，心里特别感慨，觉得一个孩子小时候读过这些童话，喜爱童话里的人物，然后在长大的某一天跟着童话人物去探访它们的故乡，发现童话之外的惊喜，与从来不知道这些童话，是完全不同的。

2017 年的春天，当我第二次踏上去英国的旅程，猛然发现，原来，曾经在心里的那些经典故事，与现实相映照的时候，那种被唤醒的感觉实在妙不可言，那种立体起来、丰富起来和真实起来的风景，是旅行中可遇而不可求的一种见证。

……

汽车还在飞驰，我收回遐想，专注眼前的美景。

亲爱的多多，你知道吗？深秋在这里已经幻化为一片金黄和白色：银杏和杉树呈现出饱满的金黄色，像是在彼此诉说着衷肠；挺拔的白桦林，一眼望不到尽头，我印象中以为那白桦林应该很粗，其实，它们每一根都细细的，笔直向上，特别有风度；地上，则有杜鹃的金黄色叶子和紫红色小花点缀着，颇有几分俏皮与妩媚；远处还有一些绿色，加上偶尔飘过的红色枫叶，实在无法用言语来表达我见到的那些色彩之美。

层林尽染，我忽然就理解了这个词的含义。

许多美景，见过了，就会留在内心的某个角落，等待某个时刻重新闪现，就像我们读过的某段文字一样，不一定总在心头，却在那里，在我们的心中徜徉。

人生那些虚无缥缈貌似无用的东西，都有这样的功能，可以在某个特定的时候，让你有了代入和认同，有了爽心悦目的欢畅。这种共鸣,一定与你的沉浸有关,与内心的丝丝相扣有关。特别是，如果曾经感动过我们的某个故事，还能与这美景一一对应，化为定格的永恒，那么，这风景，就将深藏进我们的内心，让我们变得深沉丰富起来。

这丰富里，一定是将你读过的文字、听过的音乐和见过的风景缠绵在一起——回忆的美好，愿望的达成，幸福的感受，还有一起的人儿，全部都交织成了一曲交响乐，久久在你的耳边响起。

在北极村，虽然冷，我们还是相约了晚上跑出来看星星。

漠河的夜晚，有比上海清晰一百倍的闪亮星星，抬头就能看到北斗七星赫然眼前，其他的星星也仿佛就在伸手可以触碰到的地方，我们还找到了大熊星座、星云和银河系。那些一闪一闪的星星，在黑夜中真的可以用璀璨来形容，这是在大城市的夜空无法一见的如神话般的美，仿佛只要你有耐心，它们就会眨巴着眼睛与你对话……

这样的时候，你会觉得，星空与我们之间，或许真的存在某种勾联，不是说量子纠缠已被证实确有其事吗？那么，星空之外的星座之谜，是不是也在暗示着人与自然的某种机缘呢？还有，所谓的心旷神怡和心胸开阔，是不是就在这样的望见中，可以渐渐去领悟、去领受？

这些心有灵犀，是从书本中无法获得的吧。

后来一天吃饭的时候，我们就由天上的星星，说到了地上的星座故事。据说，作家中，双鱼座和射手座居多。对星座有研究的朋友说，前者情感丰富，心思细腻；后者喜欢自由散漫的生活，正好都符合作家的个性和内在。我本来对星座无感，那天发现一桌八个人，倒有三个射手座，还有两个双鱼座，感觉挺奇特的。你知道吗，当别人在说着星座，而你将这星座与某个人对上号了，便觉得像是这么回事。

于是，就从星座一路聊开，有说巨蟹座“外表坚硬，内心柔软”的，有说天秤座是“天底下心地最善良的人，总是会设身处地为别人想”的，我也忍不住在一旁频频点头，因为听这些时，我自然而然想到了你，我估计你看到这里一定会颇不以为然。

其实，我们不过是因为身在北端，又恰巧找到了一个大家觉得有意思的、变化莫测的关于人性的话题，才会聊得如此津津有味。

这也是旅行的一大好处，心无旁骛，人与人少了隔阂，多了沟通。

那天晚上，一边看《城中之城》——一部关于金融界尔虞我诈的小说，一边在心里为着白天的风景叫好。也许我们都无法摆脱世俗的纷争，无法总是在风景里唱着赞歌，那么，亲爱的多多，我们是不是可以约定，只要有一点空，或者，当我们觉得倦了的时候，我们可以暂时放下，相约着去看风景？

因为，行走，可以将想象中的风景落到实处，让你有一种安心与欣喜。

还因为，行走，可以让自己简单放空，世界就如星空般开阔，还有什么不可以放下的？

旅行的青蛙

MM，见信好！

我想，自己是喜欢旅行的。

有一个成语，叫坐井观天。对那只井底之蛙来说，天空也就不过是一片井盖大，他没有见过大树、鲜花，也没有见过池塘落雨时摇曳的荷叶和雨过天晴后低飞的蜻蜓。世间美好一概不知，是多么遗憾的一件事！

无怪最近许多同学手机里的小青蛙都出门旅行去了，几天几夜也不回家，偶尔只是发张明信片回来。

托家里条件尚可的福，我也算是去过了不少地方。敦煌如火的烈日，普陀山无垠的星空……每一处都如此别致，每一个地方都给人不同的感受。

我猜所有人都会喜欢旅行，因为人心总是向往美的，而旅行正是去寻找、感受美的过程。

我见过黄山迎客松的奇美、科罗拉多大峡谷的壮美，也体会过江南小镇的秀美、苏州园林的精致。

当小舟荡漾在西湖上，水汽朦胧了远处堤岸柳条的时候，你也许会突然明白什么叫淡妆浓抹总相宜，你也许会骤然忘记世间的百般忧愁，世间唯吾与西子湖耳。

用心去感受才能体会到其间美妙。所以我每每要留在景点不愿走，也不拍照，只是用眼睛看，或者说，我觉得我是在细细地品。我不认为旅行只是到了景点拍张照，然后回家后可以指着照片炫耀说，那个地方我去过的，很漂亮。

我不反对拍照留念，但是我觉得除了拍照以外还应该留出更多的时间来，用自己的五官立体地去欣赏美景。天赐予你的明眸比你的照相机不知精密多少倍，你也许还能听到鸟语，闻到花香，或者亲手触摸到历史留下的印记。这些合在一起才构建出我们所向往的至美。再精致的4D电影也模拟不出你的亲身感触，若是最后能忆起的只有区区几张照片，怎么可能将那巧夺天工的自然之美复现呢?

对于现代人来说，旅行不可能像徐霞客一般是生活的主食，旅行只会是生活的调味品。

我们借旅行以放松身心，变化一下生活的节奏。从某种意义上来说，旅行有点像是对日常生活的放任。我们暂时离开自己所在的城市，离开自己的圈子，去到一个完全陌生的地方，面对完全陌生的人。我们因此可以不用理会原有的那些纷扰，也许还有人打电话给你，但是一句“我在旅行”就可以把事情推至归期之后。大概只有在旅行时你的生活才是不属于别人的，才是真正属于自己的吧。

很多外国人有着雷打不动的度假计划，无论届时工作的进展如何，他们都会袖子一甩前去度假。他们也并不追求跑几个国家、看多少景点，往往就是成天懒在海滩上沐浴日光。

旅行对他们来说，就真真正正是一种生活节奏上的休整。毕竟一根弦如果总是紧绷着，就容易疲劳断裂。

古人讲，读万卷书，行万里路。大概有层意思是说旅行也如同读书一般是个不断学习的过程。

学习不仅仅是对着书本就足够的。在书上读到“横看成岭侧成峰”，和真正去到雄伟的庐山；在书上读到“月光如流水一般，静静地泻在这一片叶子和花上”，和真正去到月色里的荷塘，都不会是同一种感受。

亲历给人以货真价实的见识，这是读书难以企及的。我们旅行去到的那些地方，总是不同于家乡的。不同就给人启发。

我会记得日本札幌的十字路口，有四面所有车都等红灯，人可以随意横走斜穿的时段；我会记得美国东部的高速公路的出口，有时候在右边，有时候在左边；这些都是挺不错的设计，但是我的思维定式了，根本不可能会想到有这样的做法。

旅行的青蛙不知道什么时候会回家，我也不知道什么时候可以再次出发，去见识更多的风土人情。

不过世界那么大，不多看看，也太可惜了。

话题十：追逐梦想 成就自我

关键词：

未来已来

听从内心

创新理念

人工智能的背后

亲爱的多多，你好！

一直盼着你返航的，不仅是我和你爸爸，还有外公外婆。

今天一起去他们家，外公外婆都拿出一大堆的问题要你解决，我们坐在旁边，看你“答记者问”，觉得挺有意思的。

他们家的楼下装上了新的门禁，跟着门禁一起来的，还有一张宣传纸，上面图文并茂，写着如何用。外婆将那张纸交给我，让我研究。

互联网的发展，简直超出我们的想象。整个社会因此也生发出很多的新鲜事物，之前的思路和做法完全不够用，原来的老话说，“我走过的桥比你走过的路多，我吃过的盐比你吃过的饭多”，说的是经验的重要性，可是科技高度发达的今天，有些经验，已经完全没用了。别说外公外婆他们那一代会慢半拍，连我们都快跟不上了。

那天，外公点开 iPad 上的一个微博标志，发现要输入密码，赶紧找你，问你要密码，还说："怎么昨天我打开很顺利，今天就要输入密码了呢？"

你当然没办法回答外公这样的问题，只能想办法。

你打开外公的电脑，用"找回密码"帮他解决问题，终于搞定了，外公点开那个界面，还是觉得不对："怎么那些人我都不认识了？昨天看到的不是这样的画面呀。"

大家都搞不懂怎么回事，我凑过去说："你现在还看微博，你的微博好久没更新了呀。"

"怎么会？我昨天还看过的呀！"外公回答。

昨天？我和你面面相觑，然后，我们都明白了，外公说的是微信。

你赶紧点开微信的那个标志，熟悉的界面又回来了。

"这次对了。"外公说完，人躺进沙发里，认真地玩起了微信。

一直到这个时候，你恍然大悟，原来最开始的时候，外公不过是错把"微博"的标志当"微信"点开了，而他浑然不知而已。

外婆更有意思，几个星期前，就把要解决的问题一条条写在了本子上："声音怎么没了呢？这个怎么去不掉？大智慧怎么装进去？"等等……

你耐心地帮他们一一解决。

说心里话，我觉得外公外婆已经很牛了，以他们一个 77 岁一个 86 岁的年纪，学会了用电脑打字，学会了某宝购物，学会了支付宝付费，还学会了微信聊天，甚至每天转发各种信息给我们……

而我，已经觉得去搞懂一些新的变化，有点难度了。就像眼前这张宣传纸，一步步讲着如何通过手机去遥控他们楼下的门禁，但我读了几遍也不知道该从何入手，当然，更重要的是，因为有你在，我们都变得懒惰了。看你解决了外公外婆的难题，我就将这个难题又丢给了你，同时递给你我的手机。

“你看看，帮我们都装了，下次来外婆家，就可以自己开门了。”

你拿过去，仔细看了起来，不一会儿，就搞定了。

“要下个 App，家属就可以通过自己的手机遥控外婆家的门禁，到了楼下点开这个，然后按开门。”你研究好了，下好 App，然后一五一十地告诉我们每个人。

多多，我写下这些，是想说，这个世界变化如此之快，说真的，我这个年纪的，都开始有了很多的不适应，何况长我一辈的外公外婆了。我们有时候都会感叹，世界变化如此迅疾，我们来不及学啊！

想来做为网络原住民的你们，应该不会有这样的困惑吧？

想想我成长的那个年代，世界是那样的简单。我刚工作时，汽车和固定电话都还是稀罕物，文字还是用铅字排出来的，电脑还是 386 的，买一辆自行车，就能高兴好一会儿；可转眼不过 20

多年的时间，新的“四大发明”轻易改变了人们的许多习惯。我们只要带一部手机就可以走遍天下了，据说，因为这样的变化，小偷已经偷不到现金了，消费习惯的改变，也让纸币变得没有以前那么重要了。

最后一公里，也被满大街的摩拜和小黄车驯服了。

想到这些，我会觉得茫然，未来世界会是什么样子的呢？

我想，这方面，你大概可以给我些答案。

亲爱的多多，你是学人工智能的，所以很想问你几个问题。

你能告诉我，以你现在的理解，人工智能究竟是什么？乐观估计，未来十年它会怎样？

2017 年仿佛是人工智能的元年，这个概念特别火，被演绎得神乎其神。人工智能在翻译和语音识别方面似乎越来越成熟，据说已经有了会写诗歌的机器人、会做饭的机器人。我特别好奇，难道以后，我们可以用机器来完成各种思维模式，甚至可以靠它写作吗？那我们不是都要没饭吃了吗？

说心里话，一开始，我对人工智能并不持乐观的态度。比如，洗衣机不过就是利用涡轮旋转来解决洗衣的普遍问题，真的遇到一大块污渍的时候，还是需要用手来精细搓洗的；如今的机器人，是可以做哪怕再细小的动作的，但是，它会思维和逻辑吗？它懂得类比，联想和感同身受吗？

阿尔法狗的胜利，让我有了一些怀疑，难道，它的算法里，真的藏着什么样的奥秘？

大家都在期待，无人驾驶的汽车很快就会出现，似乎在不远的未来，机器会更多地代替人去工作，许多原本繁复单调和危险的工作都不需要人类去完成了。机器，它真的无所不能了吗？

……

这段时间，大数据、人工智能、比特币，还有什么区块链，接踵而来，好像已经可以编织出一个全新世界的模样了。在那个世界里，人类会是怎样的存在呢？

难道，真的像很多人相信的那样，在不远的将来，人工智能会超越人类吗？

如果人工智能会超越人类，那么，这对于我们来说，是好事还是坏事呢？

技术改变生活

MM，见信好！

人工智能现在真是炒得火热。

这一年里我没少去听和人工智能有关的讲座，几乎每一场都是爆满，学校以外的很多人也都会跑来听，一个个站着拿着小本做笔记。

我曾经翘课去听一个一流科技公司的副总裁来做的讲座，但是听完后并没有觉得有什么特别了不起的收获。

也许人工智能太新了，还来不及整理出太多别致的个人心得，这些行家讲起人工智能，大都讲得差不多。

许多人都有着这样的担忧，有一天人工智能会战胜人类，占领地球。

这样的概念大都来自于科幻小说或者是科幻电影吧，在《星球大战》《黑客帝国》里，人类总在一开始被机器搞得很狼狈，无力应对；还有一些将人工智能吹嘘得神乎其神的所谓业内人士，在我看来，其实一直都在“骗”对人工智能知之甚少的你们。当然，他们的初衷可能并不是想“骗你们”，他们可能想借着人工智能的模糊概念建构起新的模式，来获取资本的青睐。

稍微对人工智能了解一点后，就不会无端担忧人工智能会毁灭世界这样的事情了，因为今天我们的人工智能，仍然非常非常弱。

人工智能能够做到的事情，还是十分有限的。

你可能要反驳我，你看到的是，明明人工智能已经可以做很多事了，而且已经达到了相当不错的水准。比如下棋、图像识别、语音识别、翻译……

你别急，确实，我也承认，这几年人工智能的进步是显著的。你说一段话，机器已经能够八九不离十地听出来你说的是什么；你给它一张照片，它也能相当准确地辨识出照片里有些什么。不过，这每一项任务背后都是一个专门的系统，它干不了除此之外的任何事情。也就是说，语音识别是语音识别的系统，翻译就是翻译的系统。这些系统都是专工的，它只是靠这个专工的系统可以做得不错，离开了系统，它立马变成傻子。你要让 AlphaGo 下象棋，它根本就不会，更不要说让它无所不能地去毁灭地球了。

从这点上看，其实它和人类还差得太远。

当然，它的专业是它的优势，不过也不见得在专业方面它就已经一骑绝尘了。

图像识别所谓的超越人类，只是在几个学术界共享的数据集上，和人相比，依然有蛮大的差距呢。举个例子来说，你应该在登录许多网站的时候都填过验证码吧，那些数字若隐若现的，有时候很难认，但是你最终应该都能输入准确吧？验证码的存在，或者说至今还用它来把关，也就意味着现阶段计算机还无法认出那些镶嵌在图案中的数字来啊。如果机器有同样的识别能力，人工智能可以快捷准确地识图的话，验证码不就没意义了吗？

你在信中提到了大数据，微信上许多段子也是调侃大数据的。确实，现在经常听到大数据这个词和人工智能一起出现，那是因为他们的联系实在是太紧密了。

我们现在所说的人工智能，一般都是用神经网络在做，它们几乎都是有监督的机器学习。

所谓有监督，就是指你要给机器大量的数据用于训练，这些数据还都必须是有标准答案的。机器深度学习之后，就获得了一些关于这些数据的规律。比如说，你要训练一个机器来辨别猫和狗。对人来说这件事很简单，但是你要让电脑干这个，你就得去找十万张猫的照片和十万张狗的照片，每一张都做好标记，它是猫还是狗，然后把这些照片全都“喂”到一个神经网络的模型里面。

计算机通过不断地调整自己辨别猫狗的策略，不断地让自己的策略靠近它得到的图片背后标记的答案。经过这样的训练之后，你再给它一张没见过的猫的照片，它大致就能辨别出这是猫了。有意思的是，对机器来说，如果你给它一张老虎的照片，它大概会说这是猫，并非单单因为老虎和猫有几分相似之处，而是因为对于机器来说，并不知道天下还有老虎这种动物。

你可以想象了吧，我们现阶段的人工智能大部分都是用这种办法做的。

语音识别就需要大量的语音数据，翻译需要大量已经翻译好的对应的平行语料……它能做的事情一定局限于我们让它做什么，局限于它所得到的数据。我们现在可以吹嘘，或者说值得吹嘘的点是，它可以在这个方面做得相当不错。它和人脑的差别，可能就在于，在一个专门的系统里，它会更强一些，但它一点也学不会“跨界”。

当然，这已经很棒很棒了。

不过要是和人比较的话，人可以举一反三，而人工智能只能称为“举万反一”。

所以，所谓的智能，其实仍然只是基于大数据的找规律的特别高级的机器而已。它没有思维，就不用再想更多的了。

妈妈，虽然我泼冷水泼到现在，但是我仍然可以想象，它将在未来很大程度上改变我们的生活方式。

它会带来一场不可小觑的“革命”，这样说一点也不为过。

因为它只要能把某一个方面做好、做到极致，就有足够的用武之地。

当年的工业革命不就是纺织机器代替了工人嘛。

那么，以后要是自动驾驶的汽车代替了司机，不是会比工业革命带来更大的更有想象力的变化嘛。脑补一下，未来某一天，大街上将飞驶着一堆没有人操控的汽车，这画面实在也是需要想象力的。

而事实上，人工智能不止在自动驾驶方面，还有许多地方也都能大显身手。嘿嘿，世界因此会有更大的变化啦！

对于技术改变生活，我一直深信不疑。

在我看来，我们大可不必为技术进步而担忧。技术代替了那些枯燥无聊的工作，人们就能够把精力投入到更有趣的事情上去。

我想，那么，就做好准备迎接新玩意吧。

不用担心，你也要准备好哦。

听从内心，无问西东

亲爱的多多，你好！

你还在学校的时候，我们就约定了，等你回来，一起去看《无问西东》。

知道首映式在你们学校举行，后来又看到了各种神评价，我的心里是存着一些期待的。或者，还与我这一段时间的心境有些关系吧。

看电影的当口，我觉得自己的心被震撼到了。

看完电影有一个多星期了，好几次想对你说，还想再去刷一遍，很多细节一闪而过，很多人物没看真切，更重要的是，有些镜头，总是在我的眼前萦绕，挥之不去……

很流畅的四个故事，看得颇过瘾，可以毫不夸张地说，好久没有看过这样沉入内心的电影了。

很多藏在内心想说的话，被电影拍了出来；大学时代的意气风发，由着电影重新被激发了；而电影给我的，远不止这些，想到编导居然可以通过四个故事展示人性之美，表达出我们内心中的真实，心中有很多敬佩；还有，那些故事在流转的时光和人物的更替下传递出来的真实，随着叙述的层层进入，不断在那里闪烁，发出耀眼的光彩——居然让我有一种想要倾听内心的不由自主。

好几个夜晚，我想提笔与你说说我的感受，却不知道从何说起，我似乎感觉到了电影散发出的一种力量，却又觉得很难仅用几个词来形容。只是，那一个个画面，一直在我的眼前飞舞。

梅贻琦的办公室，那排立着的转角书橱，他沉稳地坐在吴岭澜的对面，不疾不徐，安静地对话，这画面有一种怡然之美。人这一生，总是面临选择，而选择了这个，又常常意味着放弃了另一种可能，这样的时候，选择的理由会是什么呢？梅贻琦告诉吴岭澜，是真实，他说："当你闭上眼睛，感到发自内心的充实与喜悦的那一刻，才是真实。"

这话说得极好。这要求很高，需要用心细细体会，才可以感受到。由此想起去年九月北大新生开学典礼上一个女生的演讲。这个女生来自重庆，曾经是数学竞赛的佼佼者，拿过全国的奥数金牌，被一本预录进了北大数学系，就在大家都在期待未来又有一个数学高才生冉冉升起的时候，她却决定选择转系去读中文，离开舒适区，并且听从内心的声音……很感慨，从吴岭澜到重庆女孩，他们都在大学的年龄，认真思考着人生的选择和自我的价值。大二时的你，也曾经遇到过同样艰难的选择，看电影的这个当口，应该也感同身受吧？

我记得二十岁那年，我在中文系读书，写过一篇《二十岁的独白》，说的也是选择的艰难，对自我的认定不确切，对自己内心的声音不坚定，确实容易产生人云亦云的迷茫。这句话由电影中梅贻琦来告诉你，在看电影的当口未必有深切的体会，却会记在心里。

事实也确实如此，有些人生感悟，常常要到了一定的年龄才能豁然开朗，如果没有智者的提醒，可能自我惊醒的时候为时晚矣。大学的年龄，可以领悟到去听从心的召唤，确实很重要。

而且，这句话说起来简单，做起来，需要智慧、勇气和担当。

你看战乱时的西南联大，在电影画面里，不慌乱，很从容，哪怕警报响起，他们照样可以躲在窑洞中读书，仿佛只要有须臾的平静，也要过好眼前的日子。

于是，在铁皮教室的黑板前，是有紫红色的盆花映衬的；当大雨瓢泼而下时，是可以静坐听雨的。

听雨的这个画面，真的是特别美，当沈光耀推开窗子，镜头推到远处，那里，风雨飘渺中，有渔夫在钓鱼，再推近，一群学生正在雨中长跑；烟雨朦胧中，一切如水墨画一样静谧安详。那一刻的景致，不仅进入沈光耀的眼中和耳中，还在“声声入耳”

的同时，在他的内心划开了涟漪，为他之后的“事事关心”做了最贴切的诠释。

沈光耀，也成了剧中最令人动容的一个人物。他的故事，好几次让我的鼻子一酸。

当沈光耀的妈妈听说儿子参军，赶到西南联大要他跪下，保证不再去“飞虎队”时，她说：“妈妈只是希望你健康快乐地长大，有机会去享受人生的每一个阶段。”我哭了。

当沈光耀驾着战斗机飞上蓝天，向孩子们投下食物，听孩子们大声叫着“晃晃，晃晃”，然后，他摇摆着机翅晃晃的时候，我哭了。

当最后沈光耀决定向敌舰冲去的时候，看到他一边在心里对妈妈说着对不起，一边目光坚定的时候，我忍不住又哭了。

听从内心，对于沈光耀来说，是需要付出生命的代价啊！但他告诉我们的是：尽我所能，无愧于心——一种从心灵深处溢出来的不懊悔也不羞耻的平和与喜悦；一种无愧于心的淡定从容，那是我们穷尽一生想要追求的人生境界啊！

当然，我们生活的时代不一样，听从内心的声音也会不一样。

和平年代，听从内心的声音，一样需要坚韧与底线。做你喜欢做的事，做让你安心和快乐的事，无需心猿意马，倾注所有，感受由此而来的所有，不轻言放弃，不放弃原则。

世界美好，而世道艰难。所以，当电影快结束，果果最后决定什么也不说，尽力去帮助四胞胎的时候，我感受到了贯穿整部电影的那股力量，它们甚至从电影里走下来，走进了我的心田。如果说，四段故事关联起来是电影的技巧，那么每一段故事中那个内心的声音，却是真实得可以触摸的。

是这个背后的内核，撑起了故事的张力，传递出一种美好的价值。

亲爱的多多，忽然想起第一次听你唱 Beyond 的《光辉岁月》。那天，我坐在沙发里，内心同样充满感动，看你挥着手微闭着眼睛仿佛在畅想未来，我感觉你好棒。我想起 Beyond 的那种做自己、不言输的精神，想起他们对我们那一代人激情岁月的鼓励，想到他们的歌还会被你们传唱，我看到了文化的价值，知道我们的心，总有些地方是相通的。

那天就想告诉你，正像电影和歌词所阐述的，年轻的你们，正是闯荡和探寻这个世界最好的时刻。没有谁可以替代你成长，人生的很多第一次需要你自己去尝试，无需考虑太多，不用瞻前顾后，如果认准了，就只管向前冲。毕竟，年轻的时候，那一路的惊喜与沮丧，都是你独特的感受和财富，你受得起也付得起！

人生长长的路，父母、朋友、老师都只是过客，它更需要你找到乐趣和意义，需要你内心强大，需要你学会专注自己的选择，心无旁骛，需要你看到你自己的珍贵和独一无二，需要听从内心的声音。

亲爱的多多，谢谢你，给我这样的机会，让我们可以通过文字重回曾经的那些岁月，重温那些美好快乐的日子。

在我们即将结束通信的这个春节，以一部这样美好的电影为我们的交流划上句号，我觉得真的是太有缘分了。

当然，我也知道，人生不如意十有八九。正如电影的最后说道：

愿你在被打击时，记起你的珍贵，抵抗恶意。愿你在迷茫时，坚信你的珍贵，爱你所爱，行你所行，听从你心，无问西东。

一颗平常心，一份对自己的信念，足矣。

那么，就让我以一篇鸡汤，来结束我们的这一次通信吧。

鸡汤一碗

MM，见信好！

读这封信的感觉，好像鸡汤一碗。朋友圈里类似的文章不少，我一般都是不会点开的。因为是你写的，我就看看啦。

鸡汤里的话，貌似都对而已，不过电影倒还挺有营养的。看着那一个个人物做选择的时候，我就在想，其实我们做的每件事都是一次次的选择，选择总是有原因的。

但是，往往我们并没有想过为什么要这么做。就像高中的时候，做作业是必须完成的功课，刷题那么多，全是已经安排好的。没有人会问老师，“我们今天为什么要做这么多的作业啊”。我们只要执行，机械地刷刷刷就可以了。其实，老师是以他多年教学的经验，帮我们做了选择。很多同学都习惯了这样，所以一到大学，这个选择权忽然就到了自己手里，很难说每个人都做好了准备。

从这个角度来说，我有时候很羡慕那些要转系的同学，因为他们想清楚了自己要什么。

我刚上大学的时候是不太知道的。进物理系，纯粹是因为之前搞的是物理竞赛，算是有些优势吧，我也没有其他的选择。不过我觉得，就算是通过高考填了志愿来的同学，也不都是由自己的内心决定未来的方向。很大一部分人的目标仅仅是大学的那扇大门，至于念什么系，都是由高考的分数来决定的。所以一到了大学，目标完成了，很容易就迷茫起来。想不清楚的人比比皆是。如果可以想清楚，找到了内心的需要，知道自己喜欢什么，奔着目标去，那是多么好的事啊！

这实在是一个难题。特别是对于很多成绩优秀的孩子来说，为了考大学从小都是以读书为重。兴趣压抑了，也没有多少多余的时间发展自我。所有人的目标都是要考清华北大。大概我们的竞争太激烈了，要找一点自我就有可能掉几个台阶了。

还有很多时候，我们的难题是，从小到大都在父母和老师的羽翼下不假思考，忽然要捕捉自己的兴趣时，会觉得猝不及防……于是，许多人会对未来感到一点迷茫的；这个，作为父母，或者老师，是不是可以像电影所描述的那样，早一点让年轻的我们明白呢？

当然，或许这个本身就是人生大难，不是90后的我们做不好选择，你们，是不是也同样遇到这样的难题呢？只从自己的内心出发，在当今是不是很难实现呢？

电影结尾的时候，张果果会不会面临四胞胎家人的“裹胁”呢？以他的善良去面对，会得到同样善良的回应吗？

如果他得不到善意的回报，他又能够坚持几回呢？

如果张果果们失望了，我们这些旁观者会不会因此把自己包裹起来呢？

一切都是最好的安排（代后记）

亲爱的多多，你好！

决定写这本书，是2017年5月时候的一个动念，因为工作上的一些变化，我的时间比之前多了；因为悦姐的鼓励和毛毛的精心策划，给了我动力；还因为去学校和图书馆讲座的时光，和孩子们在一起，让我重新回到了我们的过去，而与家长的对话中，我发现，现在的家长比我们那个时候更焦虑，这些经历都促使我，想把这些年我们的相处和我的体会写下来。

当选题的方向定了，却要将我原本第三人称的叙述改成与你通信的第二人称对话时，已经快7月了，我本能地有点拒绝，其中一个重要的理由就是，你会接受与我对话的方式吗？这不但需要你的时间，还需要你敞开心扉，贡献我们间的小秘密；而且，大三了，对你来说，是一个重要的关口，你面临选择，有那么多的东西要学，我心里觉得也许你会答应，但是，究竟是不是值得为这样一本小书花费你的精力和时间呢?

从内心来说，我当然希望可以用这样的方式做一次温暖的回望，给年轻的父母一些参谋和建议、经验和教训，也为我们曾经的岁月，留下一些纪念。

可是，这是一件对你来说值得的事情吗?我没有把握。

但我想，总要把这个意思告诉你，让你来做这个选择。我打破我们每周五通一次电话的约定，给你去了电话，大概说了这样的一个意思，希望你权衡一下，然后给我一个答案。

你几乎没有犹豫就答应了。你说:“好吧，不过，我只是帮你，不要对我要求太高。”

“你有这些时间吗?”

“这个，你就不用操心了。”

我知道，你帮我是因为你觉得义不容辞，对待亲情，我们都那么地为对方考虑;我还知道，你帮我更重要的理由是，你懂我，你知道妈妈很想与你一起完成这样一个心愿，你的应诺，让我心生暖意。

2017 年我工作上的变化，本不在我的预料之中，很突然，所以，当时曾经和你爸爸商量，怕电话里说不清楚给你增加不必要的负担，想等你暑假回来再原原本本告诉你。

但每次你来电话，我都觉得，应该告诉你，那段时间，我一方面觉得一种轻松，卸下担子和重负的那种轻松;一方面也会感觉莫名，有一种忽然不被需要的压抑和疼痛……所以，我是有些担心，这感觉传递给你时，会不会让你承受无谓的压力，让你为我担心呢？可是，我们是一家人，我觉得等你暑假回来再告诉你，是不是会显得有点见外，有点隔阂？

五月的一个周末，你来电话的时候，我说到了我工作上的变化……

你的态度让我很受用。

“轻松一点，挺好。”你说，“你一直蛮累的。”

“还有……呃，你正好可以做你喜欢的事了。”你又说。我想象不出你的表情，不知道你内心是不是如你表达的一样坦然轻松，但你让我觉得放心，你的故作轻松，或者说你表现出来的坦然接受，让我知道，你懂得如何在这样的时刻安慰妈妈。

然后，没多久，母亲节来临，你问我要什么礼物。那时候，刚过了爸爸的生日，你送了他一款游戏，你说，要不，也送你一款游戏吧。我在电话里说，我可不会迷什么游戏的，我玩不来啊。

你说，游戏又不都是打打杀杀的。

一会儿工夫，你就通过电邮发给我一个密码，一款 App 游戏，我花了点时间装进我的手机，打开一看，《世界迷雾》。

“世界蒙上了一层迷雾，等着你用脚去丈量。”

是一款去世界各地旅游的 App：“你每去一个地方，那个地方就被点亮了，仿佛你用脚拨开了那里的层层迷雾。”

我忽然感觉很温馨，还有一点小感动，甚至湿了眼睛。

当然，这些感动一直放在我的心里，我没对你说起过。

记得你还小的时候，我会开玩笑地对你说，妈妈的理想就是去全世界旅游，看遍所有的风景，我还说，等你以后发财了，别忘记带我到处走走看看哦。这些话，你一定用心地记住了。

在我身心疲惫的时候，你用一款游戏提醒我，是时候为自己活，出去走走看看放松自己了……

你用你不动声色的方式，给了妈妈一个温暖的拥抱和及时的提醒，你是在说，前方有更好的“风景”等着呢，不必留恋逝去的那些忙碌。这礼物，让我的心里满是温暖。

然后，当我把写好的第一篇样稿发给你——才一个星期，你来了回信，蛮长。

这倒是在我意料之外的。

有点惊喜，理科生的文字和思维，让我觉得好奇，当然，更多的，仍是在体会你的善解人意。

我知道大学的时光，有的是美好的冲动，你愿意花时间给妈妈，理由只有一个，你在乎妈妈。从小到大，我与你的交流一直没什么障碍，我愿意做那个小妈妈，我还告诉过你，尽量不做那个啰唆唠叨的更年期妇女。平时，我们电话中的话语不一定多，但从你的回信中，我看到我们的心是相通的，母子间的某种默契，不一定会一直流淌出来，但它们一直深藏在那里，一旦到了关键时刻，心有灵犀就显示出它的神奇威力来了。

忽然就想到一个词：暖男；我对自己悄悄说，我的儿子是一枚暖男。

其实，作为男生，我一直觉得，粗线条一点的大大咧咧是必须的。

你小的时候，当我满心欢喜为你做了某件我自认为得意的事情，你却无视或无感时，我会失望，在爸爸面前咕哝，希望你有所表示，他当时就正色告诉我："你想培养一个内心细腻的娘娘腔妈宝出来吗？男孩子要这么多的小心思干什么！"

这让我想起大学时候读过的"俄狄浦斯情结"，我赶紧放开我双鱼座的多愁善感，面对现实，我要我的儿子将来是一个堂堂正正的男子汉。

好在，你小学还没毕业，我就开始忙碌起来，工作上的忙，会让我少了在家庭里的儿女情长，我们的相处，始终没有油腻也没有溺爱；我的个性，又是随遇而安、泰然平和的，加上，爸爸带给你粗犷与坚韧，所以，你就那么健健康康地成长起来了。

进入高中，你住读，我们的交集就是每个周末的时光。你也从那个每天晚上要黏着我的小男孩，摇身一变，开始无所谓我的参与，你自主安排好自己的时间、功课、爱好、游戏、运动……我们照旧有属于两个人的交谈时光，总是在你将要休息前，我如果走进你的小房间，我们可以聊蛮久，那段时间，我们像两条互不干涉的直线，平行前进，平等交流，彼此很独立很有主见地努力着，而真的到了某个关键时刻，我们的那种沟通和亲密始终在。

那个暑假，我们全家一起去美国自驾游，带了外婆。一路上，你的细心让我很宽慰。爸爸开车，每次大家都下车了，你总是走在最后，去拉一下车门，确定车门锁了，才放心离开；有上坡路的时候，你会去搀一下外婆，或者从背后推着她走，很自然地，那种眼睛里有人有事的态度，让我心里特别自豪。

记得很小的时候，遇到类似的事情，我会悄悄提醒你。我曾经与你说过，妈妈每次去学校给孩子们讲课，看多了聪明的孩子，然后发现，其实，智商高不是你们未来比拼的最重要因素，还需要情商高，那么什么是情商高呢？就是心里可以装下别人，眼睛里有人有事，当我发现无意间你在这么做，我真的心里充满欢喜，当然，还是那句话，我看在眼里，我没有对你说。

所以，当命运让我在 2017 年做一个拐弯的时候，想到你和爸爸对我的林林总总，我觉得我真的很幸福，也很宽慰，想起一句话来：一切都是最好的安排。

我们不可能去知道别人的思路，也无法阻挡别人的做派，但我们可以听从内心的真实，选择自己的人生。

当有一扇门关上了，我花心思去打开一扇窗，安静下来理一下这些年的轨迹，写一点自己喜欢的文字，与你有一些平时不可能有的交流，倒真像是老天悄悄做的一个美妙的安排呢。

就像那天，我蹲在单位7楼的办公室里整理东西，翻看我的体检报告、别人给我的信、送我的书，还有我曾经在忙碌的空隙留下的笔记，特别感慨。这些我以为重要的藏在抽屉里的东西，如果不是因为要更换办公室，也许再过上好几年，我也不会去动一下它们吧。

想起前几年脚不着地的工作状态，我索性坐在地板上，安静地读了起来，这些物事，令我想起那些逝去的岁月，还有那时候的人和事……当我们拼命往前跑跑跑的时候，我们其实忘记了，人是需要停下来，整理一下思绪，思考一下，看看我们跑到哪里去了，是不是跑得太快了，把幸福的感受都跑没了，把思想和灵魂都遗落在后面了……

哪怕，稍作停顿，理一下思绪，安静一下内心，也是需要的吧。

想起那个时候的工作状态，每天像打了鸡血一样，连过马路最好也可以不顾红绿灯地闯过去；到了单位，一头钻进办公室，看不到窗外明媚的阳光，来不及倒一杯茶，就开始处理事情，开动脑子解决一个个难题，一直忙到天昏地暗，拖着疲惫的身体回家。

那些四季的变化呢？那些电话里的暖意呢？那些家人团聚的温馨呢？

从这里延伸开去，想到这大半年与你一起回忆我们曾经的时光，记得春节的那几天，我们每天为稿子说到很晚很晚，从满满的回忆到长长的憧憬，对我来说，还真是蛮开心的另一种幸福时刻。

当然，在你眼里，可能是我老去的表现，谢谢你没有不屑没有厌弃，谢谢我们有机会一起来完成这个作品。

我想，这个，一定和你内心中的善良有关。

一直觉得，一个人最重要的品性是善良和真诚，我秉持了半辈子，待人对事，不愿从坏处去想，不希望用小心眼和处心积虑去破坏一个好的氛围和一份好的心情，也不愿意降低原则去迎合某种需求，睁眼说一些大话。

我信奉的是尽力而为，问心无愧。

忽然想起扎克伯格在他第二个女儿出生后写的那封信，他承诺会努力让世界变得更好，让孩子们都有个良好的成长环境。

我看得心里暖暖的，特别赞同。

也许是这半辈子都与孩子打交道的缘故吧，在我看来，我们每个人从自己出发的努力，都是让这个世界变好的一部分，特别在面对孩子的时候。退一万步讲,善良,至少让自己内心坦荡愉悦，心情明亮，心态也就明媚了。

所以，善良，就一直是我秉持的人生信念。我们也许都没有办法真正免俗，但我们总还是要坚守一些信念，承担一些责任，守住一些底线的。

我真的很高兴我有这样一个家，有你。我想，我们整个家庭秉持的这些品性一定先天或后天耳濡目染地传递给了你。

我一方面欣喜，一方面会有一点点的担忧，这个世界不是一味的美好和谐的，人心有的时候真的是比我们所知道的还要险恶，如果你确定要继续坚守善良的底线，那你也要准备接受因此而来的被别人忽视和忽悠。

但那又怎样，只要这个世界上有真情在，只要我们都秉持这样的原则和底线，我们始终可以彼此温暖，相亲相爱。

哪怕有人偏偏要来挑战你的原则，我还是愿意对那些不如意、那些恶俗、那些莫须有统统置之不理。到了知命之年，我发现，人生的选择可以做做减法了，选择你喜欢的书读，选择与你志趣相投的朋友交往，选择你感兴趣的事情努力，选择安心和善待。

一个作家之所以选择向读者讲述自己，不只是因为这些经验对他（她）个人来说很重要，更因为这种经验的呈现对所有读者来说都有丰富、深厚的审美价值。写到这里，想到静子老师为了起一个好书名，一次次在微信上与我的交流和沟通，我真的心生感动，一本小书的出生，前前后后，遇到许多可爱的朋友和老师，其中的机缘巧合，真是美好。

亲爱的多多，我们在这个世界的时间都很有限，我想，用自己的努力，让世界更美好，将成为我之后生活和工作的一个重要的点。

那么，就先让我们一起面对家庭教育，面对孩子，为他们可以拥有更好的未来，让我们都从自己做起，从微笑做起，从善良做起……

不是吗？己心明媚，则世间明媚。

2018年5月21日

图书在版编目（CIP）数据

你长大的背影 / 周晴，许一舟著．-- 北京：北京联合出版公司，2019.1
ISBN 978-7-5596-2619-6

Ⅰ．①你… Ⅱ．①周… ②许… Ⅲ．①儿童教育－家庭教育 Ⅳ．①G782

中国版本图书馆CIP数据核字（2018）第229570号

你长大的背影
作　　者：周晴　许一舟 著
策　　划：答芬奇童书馆
责任编辑：郑晓斌　徐　樟
特邀编辑：李　浩
封面设计：朱　琳
版式设计：王春雪

北京联合出版公司出版
（北京市西城区德外大街83号楼9层　100088）
新经典发行有限公司发行
电话（010）68423599　邮箱 editor@readinglife.com
山东鸿君杰文化发展有限公司印刷　新华书店经销
字数160千字　880毫米×1230毫米　1/32　9印张
2019年1月第1版　2019年1月第1次印刷
ISBN 978-7-5596-2619-6
定价：39.50元